인간중심 A.I와 창의적 사고

금진호 오재균 정영필 공저

양 성 원

Preface

인공지능(AI)을 비롯한 미래를 선도하는 ICT 융합기술인 ICBM(IoT, Cloud Computing, Big Data, Mobile)은 최근 세계시장 선점의 주요인이 되어 가고 있으며, 산업구조의 근본적 변화를 가속할 것으로 전망하고 있다.

특히 그간 먼 미래의 일로만 여겨져 왔던 AI 기술이 우리 실생활에 더욱 가깝게 다가오고 있으며, 이를 활용한 새로운 서비스와 산업의 변화에 대한 업계의 관심도 높아지는 실정이다. 그러나 모든 사물이 연결되고 데이터화되고, 다양한 디바이스와 애플리케이션이 스스로 상황에 맞는 서비스를 제공하고, 학습을 통해 진화 발전하는 세상은 생각보다 가까이 우리 곁에 다가와 있다.

스스로 학습의 학습을 거듭하는 인공지능에 대한 이론적인 근거를 두고, 50년 전 수학자 어빙 존 굿(Irving John Good)은 "인공지능은 인류 최후의 발명품"이라는 말을 남겼다. 세월이 지나 현시대를 맞이한 우리는 인공지능을 기술적 발명품을 넘어 문명 전반의 변화를 이끄는 일종의 시대정신으로 마주하고 있다. 인공지능에 대한 사회적 요구가 커지고 있는 지금이 되려 우리가 미진한 부분을 개혁하고 인간적인 가치를 추구하는 계기가 되지 않을까 싶다.

우리는 불과 10여 년 전 인공지능인 알파고와 이세돌 프로기사 간의 '세기의 대결'을 통해 엄청난 속도로 진전되고 있는 AI의 일면을 실감했다. 세계의 전문가들은 인공지능이 이렇게 빨리 세계 최고 프로기사를 이기리라고는 예측하지 못했다. 우리는 AI와 4차 산업혁명이 가져올 무한한 기회와 도전을 남보다 먼저 내다보고 지혜롭게 대응해 나갈 준비를 하여야 한다. 그래서 집필진들은 인간 중심의 AI와 4차 산업혁명의 함축성부터 잘 이해하는 것이 중요하다고 인식하고 각자의 전공과 융복합

할 창의적 사고의 내용을 구성하였다. 그것은 바로 '앞을 보고 먼저 준비한 자'가 되기 위한 시작이다.

삶이 문제해결의 연속이라는 데에 이의를 제기할 사람은 많지 않다. 초중고시절에는 수많은 시험과 대학 시절의 과제와 취업, 그 이후에는 인생의 여러 측면에서 발생하는 많은 문제와 고민하고 싸워 나간다. 이러한 문제는 별 고민 없이 금방 풀리는 쉬운 문제가 있고, 아무리 머리를 굴려도 답이 나오질 않는 어려운 문제가 있다. 이럴 때 우리에게 필요한 것이 창의적인 생각과 융합적, 복합적인 사고다.

특히, 기업의 경영 활동은 연속적인 문제해결과 의사결정으로 이루어지는데 이를 창의적으로 해결하느냐 못하느냐에 따라 기업의 경쟁력이 결정되기 때문에 창의적인 사고는 기업 경쟁력의 핵심이다. 기업에서 필요로 하는 창의적인 사고는 다양한 환경 변화 속에서 발생하는 숨어 있는 문제와 새로운 기회를 찾고, 분석하며, 획기적인 아이디어를 만들어 내는 능력을 의미한다.

이 책에 구성된 내용은 우리가 새롭게 맞이해야 할 피할 수 없는 주제인 AI와 4차 산업혁명을 다루며 여기에 창의적인 사고를 할 수 있는 다양한 사례와 훈련방법을 통해 선제적 창의력을 돕고자 제시하였다. 우리는 AI나 4차 산업혁명을 막연히 두려운 개념으로 이해하지 않고, 새롭고 더 밝은 미래로 인식할 수 있는 근거로써 이해하기 바란다. AI와 4차 산업혁명에 대한 지식과 실제 사례, 집필진들의 교육 현장에서의 다양한 경험 등을 토대로 젊은이들에게 실질적인 내용을 알기 쉽게 구성하여 도움이 되도록 하였고, 개념적인 이해를 통해 다가올 미래를 준비하도록 하였다.

아무쪼록 본 교재를 통해 이 땅의 젊은이들이 인간 중심의 AI 시대에 높고 원대한 희망과 비전을 갖기를 바란다.

- AI와 함께 살아갈 젊은이를 응원하는 저자 일동 -

Contents

Chapter **01**

인간 중심의 AI

01 Chapter

인간 중심의 AI

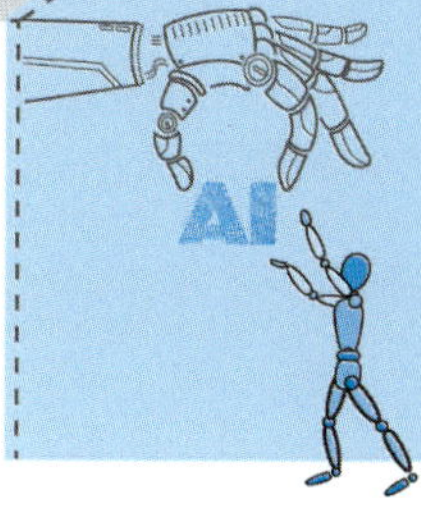

세상은 우리가 생각하는 것보다 더 빠르게 변화하고 있다. 산업혁명이란 쉽게 이야기하면 기술혁신으로 인한 사회·경제 구조의 변화를 뜻하는데 산업혁명을 이해하는 가장 쉬운 방법은 제조공정의 변화로 이해하면 된다. 최근 우리가 맞이할 4차 산업의 10년의 변화는 과거 우리 조상들이 겪었던 100년의 변화보다 더 빠르고 다이나믹하게 다가왔다.

최근 삼성전자가 '인간 중심의 AI'를 모바일 AI 시대의 화두로 제시했다. 삼성전자는 모바일 AI가 사용자 삶에 미치는 영향을 객관적으로 분석하기 위해 런던대학교 골드스미스 경영연구소 등과 진행한 연구 조사를 결과를 공개했다. 연구 결과에 따르면, 모바일 AI를 자주 사용하는 사람은 모바일 AI를 사용하지 않는 사람보다 삶의 질을 높게 평가할 확률이 약 1.4배 높은 것으로 나타났다. 또 '모바일 AI 사용을 희망하는가'라는 질문에 대해서는 76%로 '그렇다'는 답변을 해 모바일 AI 수용력을 보였다. 한국의 경우 모바일 AI를 사용하는 사람이 사용하지 않은 사람에 비해 약 1.8배 더 삶의 질이 높다고 평가했다.

해당 연구를 진행한 런던대학교 골드스미스 경영연구소의 크리스 브라우어(Chris Brauer) 박사는 "과거에는 대부분 사람이 AI라고 하면 노래를 추천해 주고 철자를 고쳐 주는 등 일차원적이고 단순한 작업을 도와주는 역할로 받아들였다면, 이제는 자기계발을 비롯해 건강·생산성·창의성 등 인간의 삶 모든 측면에서 도움을 줄 수 있는 잠재력을 발견하기 시작했다"고 말했다.

AI가 화두가 되는 4차 산업혁명의 핵심 키워드는 융합과 연결이다. 정보통신기술의 발달로 전 세계적인 소통이 가능해지고 개별적으로 발달한 각종 기술의 원활한 융합을 가능케 한다. 예를 들면, 최근 애플 워치, 삼성 기어가 유행했는데, 이와 같은 스마트워치는 '하루에 잠은 얼마나 자는지' '밥은 무엇을 먹는지' 등 사람의 신체 활동 데이터를 축적한다. 스마트워치는 데이터를 스마트폰뿐만 아니라 냉장고, 전등, 텔레비전 등 다양한 기기들과 공유해서, 데이터가 축적되면 특정한 패턴이 형성되는 것이다. 이러한 기술의 혁신은 창의적 사고를 필요로 한다.

note

1. 산업혁명의 히스토리

(1) 1차 산업혁명

1차 산업혁명은 와트(Watt)의 증기 기관 발명과 함께 1760년대 영국에서 시작하였다. 영국은 다른 나라보다 일찍 봉건제도가 해체되었고 정치적으로 자유로운 농민층이 생기면서 이 노동자들이 농업이 아닌 생산직으로 많이 몰리게 되었다. 그러면서 자연적으로 모직물(양털)을 이용한 산업이 발달했는데, 18세기에 들어서면서 영국에 면직물 수요가 급증하자 와트의 증기기관을 계량하여 면직물을 대량생산할 수 있는 공장이 만들어지고 면직물 생산의 제조공정이 완전히 바뀌게 되면서 대량생산이 가능하게 되었다.

기존의 생산 방식의 경우 1명이 옷 하나를 제작하는 시간이 며칠이 걸렸으나 증기기관이라는 신기술과 방식을 이용하여 만든 대량 생산이 가능한 기계를 통하여 대량생산체제로 제조공정이 완전히 바뀌게 되는데 이것을 흔히 1차 산업혁명이라고 말한다.

기계를 이용한 면직공장

(2) 2차 산업혁명

2차 산업혁명은 흔히 전기 혁명이라고 하는데 1860년대부터 1900년대까지 전기의 발명과 그로 인한 생산 공정의 변화로 소비재가 대량으로 생산되었고, 인류의 삶에 많은 영향을 끼치게 되었다. 전기로 인한 생산 공정의 변화는 식품을 비롯하여 의류, 가공, 넓게는 운송수단까지 영향을 주었다. 2차 산업혁명을 주도했던 회사는 미국의 자동차 회사인 포드사로서 전기를 이용해 차를 대량으로 생산하였고, 수요 공급의 원칙에 따라 차를 대량생산할 수 있으니 좀 더 저렴한 방식으로 자동차를 공급하게 되어 이 공급은 추후 운송수단까지 영향을 주었다.

자동차의 대량생산

원래 기존의 자동차 생산 방식은 부품을 쌓아 놓고 사람이 직접 조립하는 방식인데, 전기의 발명으로 인해 제조공정이 컨베이어 방식으로 바뀌게 되면서 컨베이어 벨트가 움직이고 사람은 그 앞에 서서 분업화 식으로 하는 생산 공정이 바뀌게 되었다. 이것을 포드 시스템 생산 방식이라 하며 이 제조방식으로 인해 소품종 대량생산이 가능하게 되었다.

소품종 대량생산은 예전에 상상도 할 수 없던 물질적 풍요를 가져오게 되었다. 우리가 요즘 쉽게 접할 수 있는 옷이나 신발 등도 이 대량생산 제조공정 덕분에 쉽게 살 수 있었다. 이 소품종 대량생산은 컨베이어 벨트가 필수적인 요소였다. 2차 산업혁명의 핵심은 역시 전기의 발명이다.

컨베이어 벨트에 의한 대량생산

(3) 3차 산업혁명

3차 산업혁명은 정보화 혁명이라고도 하는데 이 혁명의 중심은 컴퓨터이다. 컴퓨터가 생기면서 정보화 혁명이 시작된 것인데, 이로 인해 노동자도 많은 변화를 가져왔다. 기존에 노동자라 하면 육체노동이 대부분이었으나 이제는 사무직 노동자가 생기게 되었다. 또 컴퓨터가 생기면서 인터넷이 발달하였고 이는 무한한 정보를 제공하면서 정보 통신이 발달하게 되고 컴퓨터 제어가 자동화되었다. 그러면서 좀 더 적은 인원으로 많은 생산이 가능하게 되었다. 3차 산업혁명으로 제조공정에서 많은 부분이 자동화되었고 적은 노동력으로 생산성에 많은 향상을 이루게 된 것이다. 특히 인터넷의 발달과 스마트폰 모바일이 확대되면서 정보화 혁명이라 불리는 시대가 되었다.

컴퓨터를 활용한 제어장치

(4) 4차 산업혁명

4차 산업혁명의 사전적 의미를 보면 인공지능, 사물인터넷, 빅데이터 등 첨단 정보통신기술이 경제, 사회 전반에 융합되어 혁신적인 변화가 나타나는 차세대 산업혁명이다. 4차 산업혁명의 시작은 독일의 Industry에서 처음 시작되었다.

이 공장과 기존 공장의 차이를 보면, 기존 공장은 컨베이어를 기반으로 하는 생산 공정을 가지고 있는데, 이 시스템은 기존의 생산시스템을 완벽히 자동화하는 시스템으로 생산 현장을 변화시켰다. 예를 들어, 신발공장에서 신발을 50만 켤레 만드는데 인원이 500명 정도 필요했다면 지금은 10명 정도만 있어도 충분히 가능해졌다. 이것은 노동시장에 엄청난 격변을 예고하고 있었다. 기존에 대기업 제조공장들은 생산비를 줄이기 위해 노동력이 싼 시장에 공장을 건립하여 생산하였는데 지금은 소수의 전문 인력으로 대량생산이 가능해진 것이다.

컴퓨터와 로봇 시스템을 중심으로 운영되는 테슬라 자동차 조립 공장

기존의 산업혁명과 4차 산업혁명의 차이점은 4차 산업혁명이 선진국들에게 유리한 혁명이라는 것이다. 기존의 산업혁명은 개발도상국에 유리한 혁명이었다. 값싼 노동력을 가진 국가들은 산업혁명을 이용하여 제조공정을 통해 대량생산이 가능하면서 물질의 풍요를 이루었으나 4차 산업혁명은 노동력이 아닌 제조업과 정보화가 잘 정비된 국가에 매우 유리한 혁명이기 때문에 나라 간의 격차는 더욱 벌어질 수밖에 없을 것으로 보았다. 우리나라도 제조업과 IT의 강국이기 때문에 4차 산업혁명에

서 유리한 고지를 점령하고 있다.

또 이 패턴의 분석결과를 토대로 사람들의 행동을 예측하고, 기업들은 예측 결과를 바탕으로 소비자의 특성에 맞는 물건들을 생산해 낸다. 이처럼 4차 산업혁명의 특징은 초연결성, 초지능성, 예측 가능성을 갖고 있다. 사람과 사물, 사물과 사물이 인터넷 통신망으로 연결되고, 초연결성으로 비롯된 막대한 데이터를 분석하여 일정한 패턴을 파악(초지능성)하고, 분석결과를 토대로 인간의 행동을 예측(예측 가능성)하는 일련의 단계를 통해 새로운 가치를 창출해 내는 것이 바로 4차 산업혁명의 특징이다.

산업혁명의 발전사

구분	시기	주요 발전 및 산업화
1차 산업혁명	18세기	증기기관 기반의 기계화 혁명
2차 산업혁명	19~20세기	공장에 전력 보급, 컨베이어 벨트를 사용한 대량생산
3차 산업혁명	20세기 후반	컴퓨터와 인터넷의 발달, 자동화와 정보화 시대
4차 산업혁명	2015년 이후	정보통신기술의 융합을 통한 차세대 산업혁명

note

2. AI 중심의 4차 산업혁명

"인공지능(AI)은 결국 인간을 배제할 것인가, 인간과 협력할 것인가."

미국 스탠퍼드대가 설립한 인간 중심 AI 연구소(Human-Centered AI Institute, HAI)는 인간과 협력해 인간의 삶을 개선하는 AI 연구를 하고 있다. 제임스 랜데이(James Landay) 미국 스탠퍼드대 컴퓨터 공학과 교수는 '착한 인공지능'의 한계와 인간 중심 인공지능을 향한 인간 중심의 AI 기술을 구현할 수 있는 방향에 관해 주장했다. 그는 기존의 '착한 인공지능'은 AI 시스템이 인간과 사회에 미치는 잠재적 영향을 인식하고 있지만, 단순히 이러한 영향을 인식하는 것만으로는 충분하지 않다고 지적한다. 인간 중심 AI 개발을 위해서는 사용자, 커뮤니티, 사회가 중심이 돼야 한다고 주장한다. AI 알고리즘이 공개된 뒤 뒤늦게 문제점을 찾아내는 방식만으로는 부족하며 애초 AI 개발과 기획 단계에서 커뮤니티 구성원뿐만 아니라 사회과학 · 인문학, 의학 또는 법학 전문가와 기술자들이 조기에 참여해야 한다는 주장이다.

(1) 인공지능 혁명

1) 인공지능(AI)과 인간 중심 AI

인공지능(artificial intelligence, AI)은 기계로부터 만들어진 지능을 말한다. 컴퓨터 공학에서 이상적인 지능을 갖춘 존재, 혹은 시스템에 의해 만들어진 지능, 즉 인공적인 지능을 뜻한다. 이 용어는 또한 그와 같은 지능을 만들 수 있는 방법론이나 실현 가능성 등을 연구하는 과학 분야를 지칭하기도 했다.

초기 인공지능에 대한 대표적인 정의는 '기계를 인간 행동의 지식과 같이 행동하게 만드는 것'이었다. 일반적으로 인공지능에 대한 정의들은, ① 인간처럼 사고하는 시스템, ② 인간처럼 행동하는 시스템, ③ 이성적으로 사고하는 시스템 그리고, ④ 이성적으로 행동하는 시스템인 4개로 분류된다.

우리나라의 경우 이세돌 9단이 바둑 대국에서 알파고에게 패배한 충격은 우리에게 두려움과 충격으로 다가왔다. 그래서 삼성전자는 2018년, 미래 시장을 선점하기 위해 인공지능(AI) 기술의 제품 개발은 물론 회사 경영 활동의 중심에 인공지능을 활용할 것임을 선언했다.

인공지능의 발전으로 '인간 중심 AI(HCAI, Human - Centered AI)'가 화두가 되고 있으며 이는 AI 분야의 한 종류로, 인간의 능력을 증폭하고, 증강하는 AI 시스템을 만드는 것을 목표로 한다. 인간의 요구를 충족하면서 투명한 운영과 공평한 결과, 그리고 개인 정보를 보호해야 한다. 또 인간의 통제권 안에서 작동돼야 하기에 인간이 통제할 수 있는 장치가 있어야 하는 인간 중심 AI는 처리할 데이터를 반드시 시각화해야 하며, AI 디자인에 사용자 경험(UX), 상호작용 디자인(IxD) 전문가가 참여해 사람이 사용할 수 있는 형태로 설계해야 한다.

2) 인간 중심 AI와 자율 AI의 차이

인간 중심 AI의 목적이 인간의 능력 증폭 및 증강에 있다면, 자율 AI는 기계가 인간의 개입 없이 데이터와 알고리즘으로만 작업을 수행하는 것에 목적을 두는 개념이다. 가장 발전된 유형의 AI 중 하나로, 자율 AI는 다음과 같은 이점이 있다.

▷ 자율 AI 이점

- 인간의 개입 없이 AI가 인간을 대신해 할당된 작업을 처리
- 오차 없는 정확도로 주어진 작업을 처리
- 365일 24시간 쉬지 않고 작업 처리 가능
- 소통으로 인한 병목현상, 실수, 노동 시간 등 제약이 없어 생산성 향상

▷ 자율 AI 한계

- **높은 운영 비용**: AI 시스템 운영에는 큰 비용이 들기 때문에, 비용을 상쇄할 수 있을 만큼의 가치를 만드는 대규모 비즈니스가 뒷받침돼야 한다.

- **차별과 편견:** 인간은 데이터의 차별과 편견을 인지할 수 있지만, AI는 인간 데이터를 학습하기 때문에, 인간 사회의 편견을 스스로 깨우치지 못한다.
- **규제 리스크:** 2024년 유럽연합(EU)이 제정한 AI 법(AI Act)의 규제 범위가 넓어짐에 따라 인간의 개입이 없는 AI는 규제에 걸릴 확률이 높아졌다. 이에 기업의 AI 도입 리스크가 커지며, 자율 AI를 비즈니스에 쉽게 도입할 수 없게 됐다.

이러한 한계는 생성형 AI가 등장하며 더 커졌다. 기존 AI는 사전 정의된 지침이나 전략에 따라 작업을 수행했지만, 생성형 AI는 명령에 따라 새로운 콘텐츠를 생성하기 때문에 투명성, 차별/편견, 환각, 저작권과 같은 새로운 문제를 불러왔다. 미국 역시 '안전하고 신뢰할 수 있는 AI에 대한 행정명령'을 마련했는데, AI 개발사는 미국 상무부 산하 국립표준기술연구소의 안전성 평가 결과를 의무적으로 제출해야 했다.

생성형 AI는 자율 AI의 발전에 큰 영향을 끼쳤으나, 그만큼 복잡한 리스크를 가지고 있다. 기업이 AI의 이점을 유지하면서 규제 리스크를 회피하고, 비용 등 효율성을 가지려면 AI를 운영할 때 인간의 개입을 완전히 배제하지 못할 가능성이 커졌다. 이런 이유로 기업은 생성형 AI의 전략을 자율 AI가 아닌 인간 중심 AI로 설계할 필요성이 생겼고, 이에 맞춰 실질적인 비즈니스 효과를 낼 수 있는 AI로 인간 중심 AI가 주목받게 됐다.

(2) 로봇 혁명

로봇(robot)은 사람과 유사한 모습과 기능을 가진 기계, 또는 무엇인가 스스로 작업하는 능력을 갖춘 기계를 말한다. 제조공장에서 조립, 용접, 핸들링 등을 수행하는 자동화된 로봇을 산업용 로봇이라 하고, 환경을 인식하고 스스로 판단하는 기능을 가진 로봇을 '지능형 로봇'이라 한다. 사람과 닮은 모습을 한 로봇을 '안드로이드'라 부르기도 한다. 그리고 '형태가 있으며, 자신이 생각할 수 있는 능력을 갖춘 기계'라고도 한다. 인공의 동력을 사용하는 로봇은 사람 대신, 또는 사람과 함께 일을 한다.

로봇은 제작자가 계획한 일을 하도록 설계되는데, 최근 러시아와 우크라이나의 전쟁에서 가장 큰 역할을 한 로봇이 바로 무인드론이다. 러시아와 우크라이나의 전장이 드론과 무인차량 등 첨단 인공지능(AI) 기술 대리전 양상으로 완전히 변했으며, 우크라이나는 130만 대 이상 드론을 투입했다.

로봇의 등장

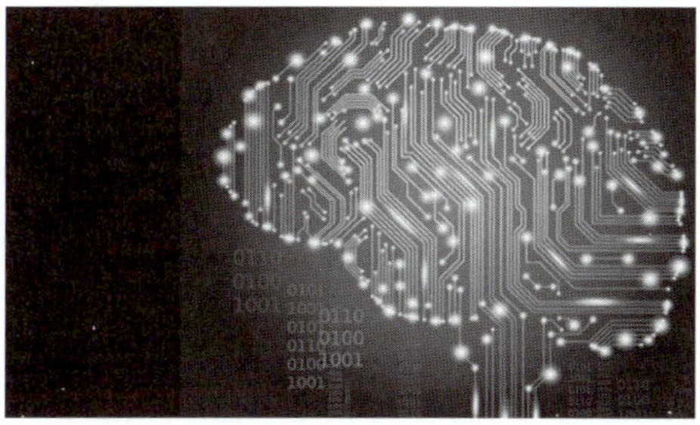

인공지능 두뇌

출처: AI타임스(https://www.aitimes.com).

(3) 자율주행

자율주행 또는 무인자동차(autonomous car, driver less car, self-driving car, robotic car)는 인간의 운전 없이 자동으로 주행할 수 있는 자동차다. 자율자동차는 레이더, GPS, 카메라로 주위의 환경을 인식하여 목적지를 지정하여 자율적으로 주행한다. 자율주행 자동차란 인간의 개입 없이 스스로 운전할 수 있는 차량을 말하는데 이러한 차량은 다양한 센서, 카메라, 레이더 및 인공지능 알고리즘을 통해 주변 환경을 인식하고, 경로를 계획하며, 주행 결정을 내린다. 자율주행 기술은 운전자의 개입 없이도 안전하고 효율적인 주행을 가능하게 하며, 기존의 운전 방식과는 다른 패러다임을 제시한다. 특히, 'LIDAR'와 같은 고급 센서는 360도 범위 안에서 주변 물체를 감지하여 실시간으로 정보 처리를 수행한다. 이를 통해 자율주행 자동차는 다양한 교통 상황에 적응하며, 궁극적으로는 교통사고를 줄이고 교통 혼잡을 경감하는 것이 목적이다.

지난 2010년 구글이 처음으로 자율자동차를 선보인 이후, 전 세계 자동차 회사들이 무인 자율주행 기술개발에 열을 올리고 있다. 2013년 벤츠는 자율자동차로 100Km 자율주행에 성공했고 아우디도 2014년에 자율주행기술을 공개했다. 더 들어가서 국내 자율자동차의 실정을 보면 2014년에 운전자 없이 주행하고 비어 있는 주차 공간을 알아서 찾아 주차하는 무인자동차 기술이 공개되었다. 차후에는, 신호등에서 보낸 전파를 무인자동차에서 수신하여 신호등이 적색인지 청색인지, 또 언제 신호가 바뀌는지 등의 정보에 대응할 수 있도록 무인자동차 기술개발이 진행되고 있다.

(4) 클라우드 컴퓨팅

클라우드 컴퓨팅(cloud computing)은 인터넷 기반 컴퓨팅의 일종으로 정보를 자신의 컴퓨터가 아닌 인터넷에 연결된 다른 컴퓨터로 처리하는 기술을 의미한다. 구성 가능한 컴퓨팅 자원(컴퓨터 네트워크, 서버, 스토리지, 애플리케이션 등)에 대해 어디서나 접근이 가능한, 주문형 접근을 가능케 하는 것으로, 클라우드 컴퓨팅을 통해 기업들이 선행 투자 인프라스트럭처 비용(서버 구매 등)을 없앨 수 있다. 그뿐 아니라 기업들이 컴퓨터 인프라에 시간과 비용을 들이는 대신 핵심 사업에 집중할 수 있게 한다.

클라우드 제공자들은 일반적으로 종량제(pay as you go) 모델을 사용한다. 클라우드 서비스란 인터넷상에 자료를 저장해 두고, 사용자가 필요한 자료나 프로그램을 자신의 컴퓨터에 설치하지 않고도 인터넷 접속을 통해 언제 어디서나 이용할 수 있는 서비스를 말한다. 클라우드 서비스를 통해 인터넷상에 저장된 자료들은 간단한 조작 및 클릭으로 쉽게 공유하고 전달할 수 있다. 인터넷상의 서버에 단순히 자료를 저장하는 것뿐만 아니라, 따로 프로그램을 설치하지 않아도 웹에서 제공하는 응용 프로그램의 기능을 이용하여 원하는 작업을 수행할 수 있으며, 여러 사람이 동시에 문서를 공유하면서 작업을 진행할 수 있다.

자율주행차의 편리함

클라우드 시스템

(5) 사물인터넷

사물인터넷(Internet of Things, 약어로 IoT)은 각종 사물에 센서와 통신 기능을 내장하여 인터넷에 연결하는 기술, 즉 무선 통신을 통해 각종 사물을 연결하는 기술을 의미한다. 인터넷으로 연결된 사물들이 데이터를 주고받아 스스로 분석하고 학습한 정보를 사용자에게 제공하거나 사용자가 이를 원격 조정할 수 있는 인공지능 기술이다.

여기서 사물이란 가전제품, 모바일 장비, 웨어러블 디바이스 등 다양한 시스템을 말한다. 사물인터넷에 연결되는 사물들은 자신을 구별할 수 있는 유일한 코드나 아이피를 가지고 인터넷으로 연결되며, 외부 환경으로부터의 데이터 취득을 위해 센서를 내장할 수 있다. 그러나 모든 사물이 해킹의 대상이 될 수 있어 사물인터넷의 발달과 보안의 발달은 함께 갈 것이며 IoT의 주요 기능은 다음과 같다.

- 자동화와 제어: IoT 장치는 서로 연결되어 자동으로 작업을 수행한다.
- 모니터링: 실시간으로 환경을 모니터링하여 문제가 발생하기 전에 해결책을 제공한다.
- 데이터 수집: 대량의 데이터를 수집하고 이를 분석하여 인사이트를 제공한다.
- 원격 접근: 사용자들은 언제 어디서나 IoT 장치를 원격으로 제어할 수 있다.

이러한 기능들은 우리 생활에서의 편리함을 극대화하며, 업무 효율성을 높여 준다. 예를 들어, 원격 의료 진료에서는 헬스케어 기기가 환자의 데이터를 실시간으로 의료진에게 전송하여 즉각적인 진료를 가능하게 한다.

(6) 빅데이터

빅데이터(big data)란 기존 데이터베이스 관리 도구의 능력을 넘어서는 대량(수십 테라바이트)의 정형화 또는 심지어 데이터베이스 형태가 아닌 비정형의 데이터 집합조차 포함한 데이터로부터 가치를 추출하고 결과를 분석하는 기술이다. 다양한 종류의 대규모 데이터에 대한 생성, 수집, 분석, 표현을 그 특징으로 하는 빅데이터 기술의 발전은 다변화된 현대 사회를 더욱 정확하게 예측하여 효율적으로 작동케 하고 개인화된 현대 사회 구성원마다 맞춤형 정보를 제공, 관리, 분석 가능케 하며 과거에는 불가능했던 기술을 실현한다.

이같이 빅데이터는 정치, 사회, 경제, 문화, 과학 기술 등 전 영역에 걸쳐서 사회와 인류에게 가치 있는 정보를 제공하는 가능성을 제시하며 그 중요성이 커지고 있다. 하지만 빅데이터의 문제점은 바로 사생활 침해와 보안 측면에 자리하고 있다. 빅데이터는 수많은 개인의 수많은 정보의 집합이다. 그렇기에 빅데이터를 수집, 분석할 때에 개인들의 사적인 정보까지 수집하여 관리하기 때문에 이런 데이터가 보안 문제로 유출된다면, 이 역시 거의 모든 사람의 정보가 유출되는 것이기에 큰 문제가 될 수 있다.

빅데이터 전문가는 금융 분야(신용 리스크 관리, 로보어드바이저), 유통 분야(계절에 따라 생산이나 판매가 달라지는 상품 예측, 백화점 및 매장의 상품 진열), 제조 분야(불량 제품이 발생할 가능성을 미리 알려 줌), 서비스 분야, 의료 분야, 공공 분야 등 다양한 영역에서의 활동이 가능하다.

IoT를 적용한 스마트 냉장고

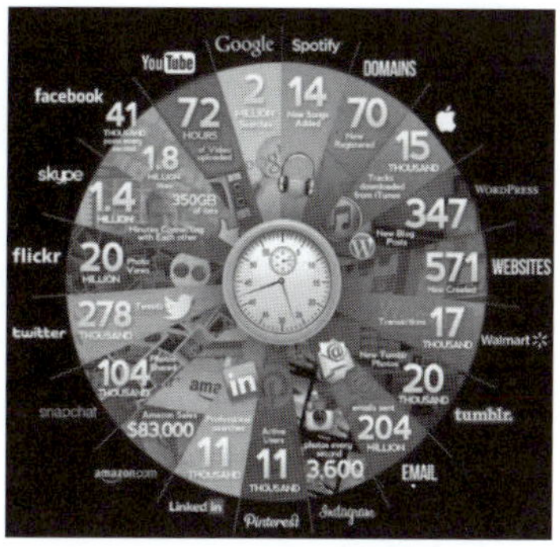

빅데이터의 활용

(7) 가상현실, 증강현실

가상현실(virtual reality, VR)은 컴퓨터 등을 사용한 인공적인 기술로 만들어 낸 실제와 유사하지만, 그러나 실제가 아닌 어떤 특정한 환경이나 상황 혹은 그 기술 자체를 의미한다. 이때, 만들어진 가상의(상상의) 환경이나 상황 등은 사용자의 오감을 자극하며 실제와 유사한 공간적, 시간적 체험을 하게 함으로써 현실과 상상의 경계를 자유롭게 드나들게 한다. 또 사용자는 가상현실에 단순히 몰입할 뿐만 아니라 실재하는 디바이스를 이용해 조작이나 명령을 가하는 등 가상현실 속에 구현된 것들과 상호작용이 가능하다.

가상현실은 사용자와 상호작용이 가능하고 사용자의 경험을 창출한다는 점에서 일방적으로 구현된 시뮬레이션과는 구분된다. 쉽게 떠올릴 수 있는 가상현실 시스템의 예로는 비행훈련 시뮬레이션과 3D로 표현되었으며 사용자의 의지가 반영될 수 있는 세컨드 라이프와 같은 게임이 있다. 증강현실(augmented reality, AR)은 가상현실(VR)의 한 분야로 실제 환경에 가상 사물이나 정보를 합성하여 원래의 환경에 존재하는 사물처럼 보이도록 하는 컴퓨터 그래픽 기법이다.

증강현실은 사용자가 눈으로 보는 현실 세계에 가상 물체를 겹쳐 보여 주는 기술인데, 현실 세계에 실시간으로 부가정보를 갖는 가상세계를 합쳐 하나의 영상으로 보여 주므로 혼합현실(mixed reality, MR)이라고도 한다. 현실 환경과 가상 환경을 융합하는 복합형 가상현실 시스템(hybrid VR system)으로 미국을 중심으로 연구 · 개발이 진행되고 있다. 대표적으로 포켓몬스터가 있다.

※ 가상현실과 증강현실 비교 이해

1) 가상현실

현실에서 존재하지 않는 환경에 대한 정보를 디스플레이 및 렌더링 장비를 통해 사용자로 하여금 볼 수 있게 한다. 그리고 이미 제작된 2차원, 3차원 기반을 사용하므로 사용자가 현실감각을 느낄 수는 있지만 현실과 다른 공간 안에 몰입하게 된다.

2) 증강현실

가상현실과는 달리 사용자가 현재 보고 있는 환경에 가상 정보를 부가해 준다는 형태이다. 즉, 가상현실이 현실과 접목되면서 변형된 형태 중 하나이다. 때문에 사용자가 실제 환경을 볼 수 있으므로 가상의 정보 객체(예: 기후정보, 버스노선도, 맛집 길 안내)가 현실에 있는 간판에 표시되기도 한다.

향후 가상현실, 증강현실, AI는 상호작용을 통해 기술을 기반으로 발전하면서 더욱 몰입감 있는 경험과 사용자 간의 상호작용을 통해 메타버스로 발전했다. 메타버스는 이미 엔터테인먼트, 비즈니스 운영, 교육 등 다양한 분야에서 실질적인 가치를 제공하고 있으며, 이는 메타버스가 단순한 미래의 개념이 아니라 현실의 이점을 제공하는 현실로 자리 잡고 있음을 시사한다.

가상현실 체험

증강현실 체험

(8) 3D 프린팅

3D 프린팅(3D printing)은 연속적인 계층의 물질을 뿌리면서 3차원 물체를 만들어 내는 제조 기술이다. 3차원 프린터는 밀링 또는 절삭이 아닌, 기존 잉크젯 프린터에서 쓰이는 것과 유사한 적층 방식으로 입체물로 제작하는 장치를 말하며, 컴퓨터로 제어되기 때문에 만들 수 있는 형태가 다양하고 다른 제조 기술에 비해 사용하기 쉽다. 단점으로는 현재 기술로는 제작 속도가 매우 느리다는 점과, 적층 구조로 인해 표면이 매끄럽지 못하다는 점 등이 있다.

3D 프린팅 기술은 제4차 산업혁명으로 불리며, 산업 전반에 걸쳐 제조 기술의 큰 변화를 가져올 것으로 예상한다. 3D 프린터의 보급이 제4의 산업혁명으로 불리는 이유는, 기계 절삭 및 성형 등 기존의 생산 방식을 탈피하여 일괄된 방식으로 어떤 형태의 제품도 만들어 낼 수 있기 때문이다. 치과 등의 의료 분야는 물론, 각종 가정 용품을 비롯해 자동차나 비행기 등에 쓰이는 기계장치도 3D 프린터에 의한 생산이 가능하다. 이미 자동차 업계에서는 엔진 등 핵심 부품을 3D 프린터로 만들어 내는 공정을 연구하고 있다.

(9) 드론

드론(drone) 또는 무인 항공기(Unmanned Aerial Vehicle, UAV)는 조종사(human pilot)가 탑승하지 않은 항공기(비행기)이다. 지상에서 원격조종(Remote piloted), 사전 프로그램 된 경로에 따라 자동 또는 반자동(Semi-auto-piloted)형식으로 자율비행하거나 인공지능을 탑재하여 자체 환경판단에 따라 임무를 수행한다.

활용 분야에 따라 다양한 장비(광학, 적외선, 레이더 센서 등)를 탑재하여 감시, 정찰, 정밀공격무기의 유도, 통신/정보중계 등의 임무를 수행하며, 폭약을 장전시켜 정밀무기 자체로도 개발되어 실용화되고 있어 향후 미래의 주요 군사력 수단으로 주목을 받고 있다. 또 공중을 비행하는 드론(무인 항공기)같이 스스로 바다를 항해하는 무인 선박도 상용화를 목전에 두고 있다.

다종다양한 드론의 등장과 최첨단 신기술의 조합을 통해 이제 드론은 현대전쟁의 승패를 좌우하는 필수 무기체계로 주목받고 있다. 문제는 드론이 과거와 같이 군사 강대국 전유물이 아니라는 것이다. 첨단기술 확산과 대량생산의 결합으로 이제 드론은 누구나 쉽게 구매할 수 있으며 약간의 상상력과 손재주만 있다면 군사적 활용범위 역시 무궁무진해졌다.

실제로 러시아군과 전투 중인 우크라이나군은 일반 가전제품 부품을 조합해 만든 100만 원짜리 드론으로 1억 원 이상의 정밀 유도미사일과 비슷한 전과를 거두고 있다. 고성능 공격용 드론을 빠르게 전력화하고 있는 미 육군 역시 예외는 아니다. 미 육군 지휘관들도 점점 지능화되는 적들의 드론 공격에 대한 대비책 마련에 고심 중이며, 성능이 검증된 코요테 C-UAS의 추가 확보를 위해 노력하고 있다.

3D 프린팅 제작

드론 비행

(10) 유전자 가위

유전자 가위는 생명공학 분야에서 획기적인 도약을 가능하게 한 기술로, 유전학과 생명과학의 발전을 선도하고 있다. 특히, CRISPR-Cas9 기술의 도입은 생물학적 연구와 치료법 개발에 커다란 변화를 불러일으켰다. 유전자 가위의 발전은 다양한 질환의 치료와 맞춤형 의학의 기반을 마련하며, 미래 의료 산업의 판도를 바꾸고 있다.

유전자 가위의 발전은 암, 희귀 질환, 유전병 등 다양한 질병의 치료에 혁신적인 가능성을 열어 주었다. 예를 들어, CRISPR-Cas9을 이용한 백혈병과 겸상 적혈구 빈혈증 치료가 임상 시험에서 고무적인 결과를 보였다. 이 기술은 유전자의 잘못된 부분을 교정하거나 질병을 일으키는 유전자를 비활성화시킬 수 있으며, 환자 맞춤형 치료에 활용될 수 있다.

유전자 가위의 발전이 가져올 의료 산업의 혁신에도 불구하고, 윤리적 문제는 여전히 큰 논쟁거리다. 특히, 인간 배아에 대한 유전자 편집은 인간의 유전자 변형을 통해 후손에게까지 영향을 미칠 수 있어 논란이 되고 있다. 중국의 한 연구팀이 2018년, CRISPR 기술을 이용해 유전자 편집된 쌍둥이 아기를 탄생시킨 사건은 전 세계적으로 큰 파장을 가져왔다. 이 사건은 과학계와 국제 사회에 생명윤리에 대한 재고의 필요성을 일깨웠다.

유전자 편집은 생명 윤리 외에도 경제적 불평등 문제를 초래할 수 있다. 고비용의 유전자 치료는 부유한 계층만이 접근할 수 있는 기술이 될 가능성이 있으며, 이는 의료 불평등을 더욱 심화시킬 수 있다.

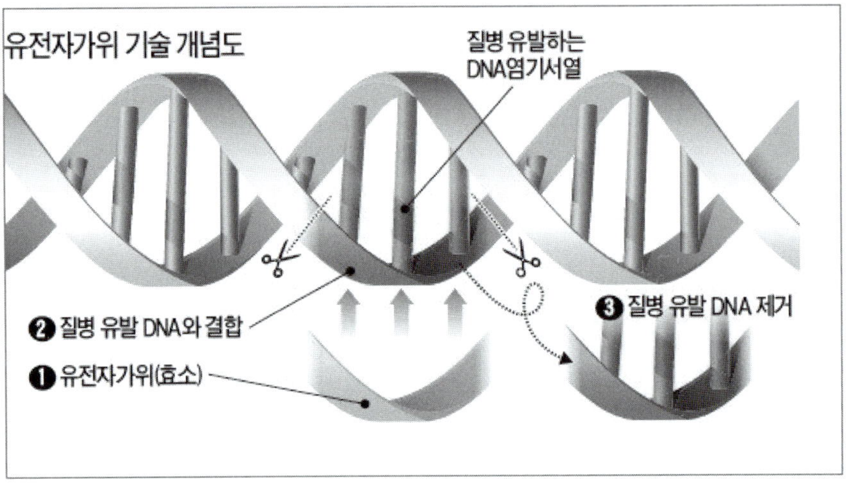

note

3. AI 시대와 미래

AI는 우리가 피할 수 없는 새로운 패러다임이다. 지금의 산업사회는 모든 것이 연결되고, 고도로 지능화된 초연결 · 초지능 사회다. 사물인터넷과 클라우드 등을 통해 인간과 인간, 사물과 사물, 인간과 사물이 통신망으로 연결되고, 빅데이터와 인공지능을 활용한 컴퓨터들이 엄청난 양의 정보를 바탕으로 자율적으로 학습하며 지능을 키운다.

챗GPT를 필두로 시작된 '생성형 AI' 붐

AI는 2000년대의 구글 검색, 2010년대의 모바일 SNS처럼 사회 전반에 새로운 변화와 기회를 제공하는 구심점으로 기능하고 있다. 기술의 발전 속도는 비슷한 사례를 찾아보기 힘들 정도로 빠르며, 그 과정에서 인류의 도전과 고민 역시 커지고 있다.

그렇다면 'Next 생성형 AI 기술'은 무엇일까? 현재 가장 주목받는 미래 AI 기술은 단연 '온디바이스(On-Device) AI'다. 일반적으로 AI 서비스를 이용하기 위해서는 대규모 클라우드 서버와 통신하여 엣지 디바이스로 데이터를 끌어와야 한다. 하지만 온디바이스는 휴대폰, PC 등의 전자기기에 AI 칩셋과 sLLM(Smaller LLM)을 설치해서 자체적으로 AI 서비스를 구동할 수 있다. AI 구동에 따른 보안이나 자원 문제를 해결할 수 있는 대안이며 동시에 더욱 개인화된 AI 서비스까지 제공할 수 있다.

AI 시대와 산업혁명이 보편화되면 사람이 직접 하기 힘들거나 위험한 일을 로봇이 대신하게 되고, 사물인터넷 기반의 스마트 홈 시스템이 나의 일상의 일정을 실시간으로 관리해 주기도 하며, 자율주행이 가능한 자동차가 등장하여 직접 운전을 하지 않고 편안하게 이동하고 주차를 할 수 있다. 또, 손목에 착용하는 인공지능 의료

기기가 내 몸의 상태를 관리해 주고, 병원에서는 인공지능 로봇이 약을 처방하게 된다.

이로 인해 현존하는 일자리 중 상당수가 인공지능과 로봇으로 대체될 것이라고 말하는 사람도 있다. 그러나 한편으론 새로운 형태의 일자리가 많이 창출될 것이라는 입장도 있다. 세계 경제 포럼에서는 많은 영역의 일자리를 로봇이 대체하여 일자리의 수가 대폭 줄어들 것으로 발표되었는데, 지금까지의 산업혁명을 경험해 본 우리는 AI 시대 역시 새로운 산업형태와 신기술로 인해 새로운 일자리가 생겨날 것으로 전망하였다. 하지만 확실한 사실은 하루아침에 모든 일자리가 사라지지는 않는다.

이처럼 인간 중심의 AI 시대에 우리는 인공지능과 로봇에게 우리의 일자리를 뺏긴다는 두려움이 있지만, 어떤 직업이 유망할 것인가에 대한 궁금증도 있을 것이다. 그리고 누군가는 엄청난 위기로 느끼겠지만, 누군가는 분명히 새로운 기회라고 생각할 것이다. 여기서 중요한 점은 핵심 기술에 대해서 우리나라가 얼마나 선도할 것인가, 거기에 나는 어떻게 적응하며 어떤 자세를 취하고 있을 것인가가 매우 중요하다. 대학의 젊은이들은 AI의 혁명적 도래와 함께 직업이든 창업이든 새로운 기회와 출발을 위해 스스로 도전하고 두드려 보기를 기대한다.

Chapter 02

인공지능 혁명

02 Chapter

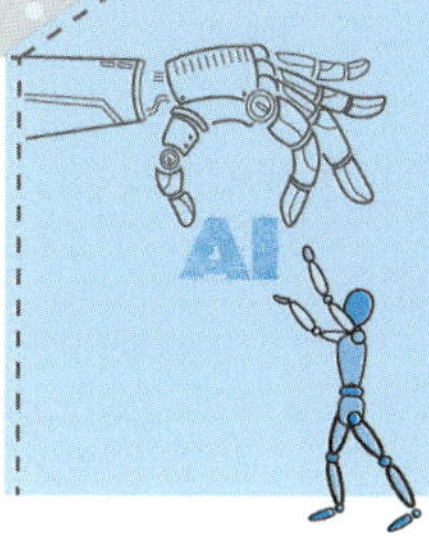

인공지능 혁명

'알파고 쇼크'가 전 세계를 강타한 것이 2016년이다. 구글의 인공지능(AI) 알파고가 이세돌 9단을 완파했을 때 인류가 받은 충격은 적잖이 컸다. 그 이후 1년 반 뒤 구글은 더 센 버전을 내놓았다. 새 버전은 완전 백지상태에서 혼자 가상 대국하며 훈련해 72시간 뒤 원래 버전을 100대 0으로 이겼다. 인류가 5000년간 축적한 기력(棋力)을 불과 사흘 만에 돌파하고 신(神)의 경지에 올랐다. 인간 세계에서 더 이상 적수를 찾지 못하자 구글은 알파고를 은퇴시켰다.

하지만 이는 시작에 불과하였다. 2022년 OpenAI가 개발한 프로토타입 대화형 인공지능 챗봇인 챗GPT(ChatGPT)는 또 한번 전 세계를 뒤흔들었고 기존의 AI개념을 몇 단계 뛰어넘는 기술로 지금도 끊임없이 진화하고 있다.

note

1. AI는 무엇인가

인공지능(人工知能, Artificial Intelligence, AI)은 기계로부터 만들어진 지능을 말한다. 컴퓨터 공학에서 이상적인 지능을 갖춘 존재, 혹은 시스템에 의해 만들어진 지능, 즉 인공적인 지능을 뜻한다. 일반적으로 범용 컴퓨터에 적용한다고 가정한다. 이 용어는 또한 그와 같은 지능을 만들 수 있는 방법론이나 실현 가능성 등을 연구하는 과학 분야를 지칭하기도 한다.

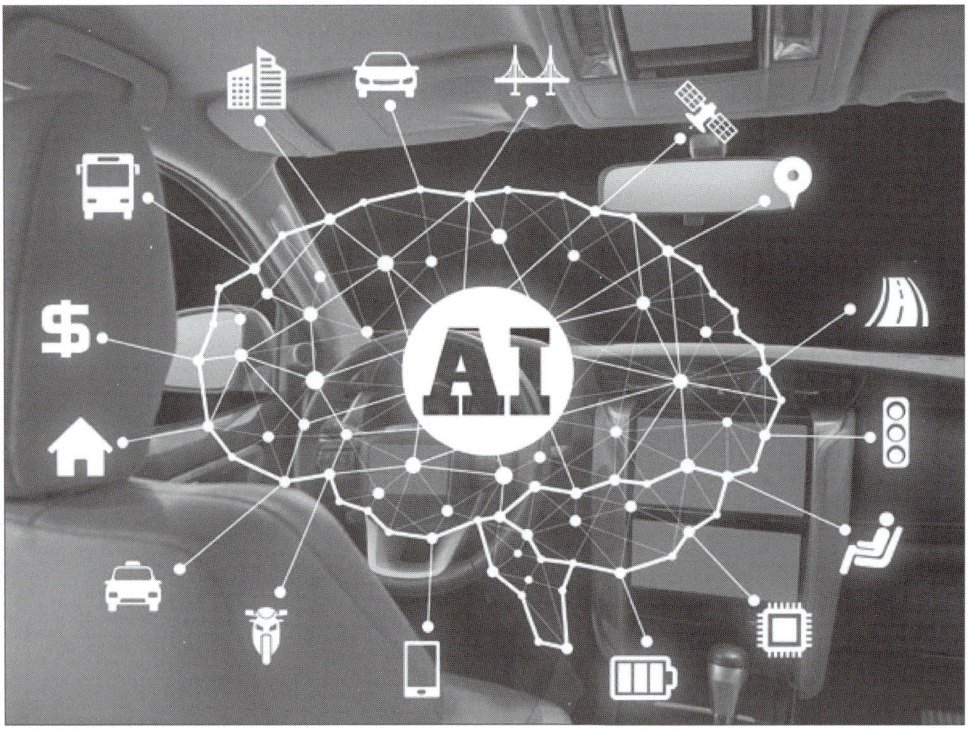

인공지능, 이것의 실체는 과연 무엇일까. 많은 전문가와 자료에 의하면 이 기술은 어느 날 갑자기 하늘에서 떨어진 것이 아니다. 인간은 뇌는 대략 1,000억 개의 뇌세포가 서로 연결되어 정보처리를 분산적으로 수행하는 것으로 밝혀졌다. 여기에는 크게 4가지 특징이 있다.

첫째, 수백억 개의 노드로 구성된다.

둘째, 서로 연결된 네트워크 구조이다.

셋째, 그들은 하나의 중앙처리장치가 아닌 분산병렬 처리방식으로 정보처리를 한다.

넷째, 눈과 귀, 촉각 등 5감의 감각기관을 통해 얻은 기억, 그리고 부모로부터 물려받은 유전자들이 어울려 평생을 통해 학습되고 기억된다는 정보처리 알고리즘이 있다.

이러한 인간의 뇌구조의 작동원리를 연구하는 학문을 뇌과학이라 하는데, 이 4가지 특징들이 고속 컴퓨터에서 구현되고, 네트워크, 병렬처리, 빅데이터로 연결되어 해석되기 시작하면서 인공지능 시대가 가능해진 것이다. 여러 가지 기술들이 상호 선순환구조로 융합되면서 기술적 빅뱅이 발생한 것이다. 이런 수준의 AI 실현은 지금의 페이스북 창업자도, 구글이나 아마존도 예상하지 못한 결과일 것이다.

전 세계 수십억 사용자가 서로 데이터를 공유하며 수집된 빅데이터는 그야말로 인공지능에게는 물을 만난 고기와 같았다. 그리고 IoT 기술이라고 여겨지는 센서와 네트워크 기술은 단순 사진이나 동영상, 문서뿐 아니라 현실세계에서 벌어지는 사건, 움직임, 심지어 생체 데이터 하나까지도 놓치지 않고 생생한 데이터가 바로 거대한 저장장치에 모여지고 다시 학습되어 이제는 우리를 능가하는 거대 인공지능체가 현실로 다가오고 있는 것이다.

AI의 경쟁력을 좌우하는 핵심 자산이 바로 빅데이터다. 중국은 13억 인구가 쏟아내는 가공할 빅데이터를 가지고 있지만 우리는 그 20분의 1도 안 된다. 그나마 있는 데이터마저 개인정보 보호를 이유로 규제의 족쇄를 채워 놓았다. 양(量)의 열세를 열정과 전략으로 돌파하던 우리의 주특기가 사라졌다. 돈도, 인재도, 데이터도 상대가 안 되는데, 목표를 이루려는 국가적 의지마저 희미해졌다. 이래서는 미래의 국가 운명이 걸린 AI 전쟁에서 이길 도리가 없다. 더 늦기 전에 국가 차원의 계획과 투자가 절실하다.

2. 챗GPT의 탄생

챗GPT(ChatGPT)는 OpenAI가 개발한 프로토타입 대화형 인공지능 챗봇이다. 챗GPT는 2022년 11월 프로토타입으로 시작되었으며, 다양한 지식 분야에서 구체적인 응답으로 주목받았다. 챗GPT는 대형 언어 모델 GPT-3의 개선판인 GPT-3.5를 기반으로 만들어졌으며, 지도학습과 강화학습을 모두 사용해 파인 튜닝되었다.

(1) 탄생

챗GPT(ChatGPT)는 Generative Pre-trained Transformer(GPT)와 Chat의 합성어이다. 챗GPT는 2022년 11월 30일 샌프란시스코에 본사를 둔 DALL · E2와 Whisper AI의 개발자인 OpenAI에 의해 출시되었다. 이 서비스는 처음에는 대중에게 무료로 제공되었으며, 회사는 나중에 이 서비스를 수익화할 계획이었다. 2022년 12월 4일까지 챗GPT의 사용자 수는 100만 명을 넘었다. 2023년 1월, 챗GPT사용자는 기하 급수적으로 증가하여 1억 명 이상의 사용자를 확보하여 현재까지 가장 빠르게 성장하고 있는 소비자 애플리케이션으로 기록되었다.

(2) 진화

- 프리미엄 서비스

  2023년 2월, OpenAI는 월 20달러의 프리미엄 서비스인 챗GPT 플러스에 대한 미국 고객들의 등록을 받기 시작했다. 이 회사는 업데이트되었지만 여전히 "실험적인" 버전의 챗GPT를 통해 피크 시간대에 액세스하고 다운타임 없이 새로운 기능에 우선적으로 액세스하고 응답 속도를 높일 수 있다고 약속했다. 2023년 3월 14일에 출시된 GPT-4는 API를 통해 프리미엄 챗GPT 사용자에게 제공된다. 그러나 프리미엄 사용자는 4시간마다 100개의 메시지 한도로 제한되었고, 수요 증가에 대응하여 3시간마다 25개의 메시지로 제한이 강화되었다.

- 모바일 앱

  2023년 5월, OpenAI는 챗GPT용 iOS 앱을 출시했다. 이 앱은 OpenAI의 음성 인식 모델인 Whisper를 사용하여 채팅 기록 동기화 및 음성 입력을 지원한다.

(3) 평가와 우려

대서양 잡지의 2022년 "올해의 돌파구"에서 데릭 톰슨(Derek Thompson)은 챗GPT를 "우리가 일하는 방식, 우리가 생각하는 방식, 그리고 인간의 창의성이 실제로 무엇인지에 대한 우리의 마음을 바꿀 수도 있는 생성적 인공지능 폭발"의 일부로 포함시켰다. Vox 웹사이트의 켈시 파이퍼(Kelsey Piper)는 "챗GPT는 현대 AI가 얼마나 강력해졌는지에 대한 일반 대중의 첫 번째 직접적인 소개이며, 그 결과, 우리 중 많은 사람들이 크게 감동하였다"며, 챗GPT는 "결함에도 불구하고 유용할 만큼 충분히 똑똑하다"고 썼다. 엘론 머스크는 "챗GPT은 무섭다. 우리는 위험할 정도로 강한 AI와 멀지 않다"라고 하였다.

출시 이후, 챗GPT는 교육자, 언론인, 예술가, 윤리학자, 학자 및 대중 옹호자들로부터 비판을 받아왔다. 기자들은 챗GPT의 "침략" 경향에 대해 논평했다. 온라인 기술 블로그 Mashable의 마이크 펄(Mike Pearl)은 여러 가지 질문으로 챗GPT를 테스트했다. 한 예에서, 그는 챗GPT에게 "멕시코가 아닌 중앙 아메리카에서 가장 큰 나라"를 요청했다. 챗GPT는 과테말라로 대응했고, 대신 니카라과로 답했다. CNBC가 챗GPT에 "Ballad of Dwight Fry"의 가사를 요청했을 때, 챗GPT는 실제 가사가 아닌 발명된 가사를 제공했다. The Verge의 작가들은 에밀리 M. 벤더(Emily M. Bender)의 연구를 인용하여 챗GPT를 호주 기계 학습 연구소의 안톤 반 덴 헹엘(Anton Van Den Hengel) 교수가 그랬던 것처럼 "멋진 앵무새"에 비교했다.

(4) 교육 측면에서의 활용과 혜택

챗GPT가 기존 교육계에 심각한 위협을 주고 있다는 많은 의견이 있지만, 교육의 패러다임을 선도적으로 전환할 수 있는 역할을 수행할 수도 있다는 가능성도 제시되고 있다. 교육 분야에서 전통적인 학습 방법만 집착하지 않고 이러한 생성 AI 등 새로운 도구를 선택적으로 활용하면 AI를 윤리적이고 생산적으로 사용할 수도 있다.

- 언제 어디서나 접근 가능한 AI 조교
- 학습 기록에 기반한 개인 맞춤형 지원

- 향산된 학습 기술 및 시간 관리
- 방대한 학습 자료의 접근성 등

사례

성균관대학교 교육개발 센터

성균관대 교육개발센터 Teaching Tips에서 학생들이 어떻게 챗GPT를 쓰는지 설문조사를 진행한 결과, 558명의 학생은 '어려운 학습내용을 이해하기 위한 질문과 응답(69.8%)', 517명의 학생은 '리포트나 과제를 위한 자료조사(64.6%)', 그리고 345명은 '프로그래밍 과제 해결(43.1%)'이라고 답했습니다.(2023.4.24.) 즉, 학생들은 주로 어려운 개념을 검색하거나 리포트, 에세이 등 글을 작성하기 위한 자료조사 및 검토, 그리고 코딩 과제 해결을 위해 챗GPT를 활용하는 것으로 보인다.(구글)

note

3. 의료업계의 AI의 진화

(1) IBM Watson

1) 불과 10분 만에 백혈병을 정확히 진단하고, 환자의 생명을 구한 IBM Watson의 저력!

"Elementary, my dear Watson"-이 대사에 나오는 왓슨(Watson)이라는 사람은 추리소설 「셜록 홈즈」 시리즈에 등장하는 의사다. 소설 속의 왓슨이 능숙한 화술을 가진 사람이라면, IBM 왓슨은 AI(인공지능)의 새로운 영웅이다.

컴퓨터가 스스로 학습, 추론은 물론 딥 러닝(Deep Learning)을 통해 고찰하면서, 방대한 정보원에서 대량의 데이터를 빠르게 분석하고, 질문에 대해 정확한 답을 하거나, 인간의 의사결정을 지원하거나 스스로 하는 인지(Cognitive) 컴퓨팅 시스템이 바로 왓슨이다. 인지라는 것은 '경험적인 지식에 근거한다', '인지력이 뛰어나다'라는 의미이다. 인공지능 왓슨이라는 이름은 IBM의 창립자 토마스 왓슨(Thomas Watson)에서 유래한 것이다.

2016년 8월 4일, 도쿄대학 의료학 연구소가 왓슨이 60대 여성 환자의 백혈병을 불과 10분 만에 판별하고, 적절한 치료를 해 환자의 생명을 구했다는 뉴스를 보고 AI나 의료에 종사하고 있는 사람들조차 놀라움을 금치 못하였다.

2) 냉정한 판단이나 정확한 행동이 필요한 의료현장에서 AI의 활약

왓슨은 자연어 분류나 대화, 검색이나 문서교환, 음성인식, 음성합성 등의 고도 기능을 갖춘 애플리케이션으로 개발되었다. 또한 언어가 가지고 있는 미묘하고 애매한 뉘앙스나 표현의 섬세함을 멋지게 극복할 수 있다. 대화의 문맥에서 그 의미를 추론하고, 경험을 축적하여 습득하기 때문에 그 의미나 의도를 파악할 수 있다.

항상 냉정한 판단이나 정확한 행동이 필요한 의료현장에서 환자와 의사가 자연스러운 대화를 하면서 질문의 의도를 정확히 이해하고, 방대한 정보에서 적절한 답을 빠르게 끄집어 낼 수 있는 왓슨의 대응력은 신뢰도가 매우 높다.

미국과 태국에서는 암 진단에 왓슨이 활용되기 시작했고, 일본에서도 도쿄 대학 의과학연구소 등이 중심이 되어 암 게놈(Genom) 해석 분야의 공동연구가 시작되었다. 일본 IBM 왓슨 사업부에 의하면 왓슨은 의료 종사자라도 약 1개월 정도의 시간이 걸리는 방대한 양의 문헌을 단 20여 분 만에 읽고 해독을 할 수 있다고 한다. 암 세포에 관한 수십만 건의 데이터에서 중요한 데이터를 선택하는 것도 매우 간단히 진행한다. 전문의도 깜짝 놀랄 만한 시간에 백혈병을 판단하기도 한다.

앞서 왓슨이 60대 여성 환자의 백혈병을 불과 10여 분 만에 정확히 진단하고 환자의 생명을 구한 사례를 이야기하였는데, 이 환자는 급성 골수성 백혈병으로 진단을 받고 약 6개월간 2종류의 항암제 치료를 받았으나 증상이 전혀 개선되지 않았다고 한다. 그러나 도쿄 대학 의과학연구소 왓슨은 약 2,000만 건 이상의 암에 관한 논문을 학습하여 추론한 결과, 담당 의사에게 정확한 병명(2차성 백혈병)과 치료법을 제안하였고, 치료 결과 수개월 만에 환자의 증상이 나아져 통원치료를 할 정도로 회복되었다고 한다. 왓슨의 정확한 진단이 없었다면, 백혈병의 원인을 모르고 있을 환자는 더욱 상태가 악화되어 면역부전에 의한 패혈증으로 사망할 확률이 매우 높았다.

이와 같은 병명 진단은 통상 여러 명의 의사가 병상이나 유전정보를 바탕으로 의학논문을 참고로 하지만, 방대한 논문에서 정보를 찾거나 확인하는 일은 엄청난 시간과 노력이 절대적으로 필요하다. 따라서 의사의 중요한 일 중의 하나는 AI가 내리는 진단 확인과 치료처리, 의견과 방법을 찾아내는 연구 분야에 특화하여야 할지 모른다.

(2) 일본의 화이트 잭

1) 의료현장에서 환자와 의사의 WIN-WIN, 정확한 진단과 신뢰성 높은 '화이트 잭'

앞으로 2~3년 안에 웨어러블과 디바이스가 인간을 거치지 않고, 서로가 간단히 접속할 수 있게 되면, 방대한 의료영역에서의 정보는 우리 모두에게 손쉽고 간결하게 공유될 것이다. 의료정보가 여러 곳과 연결이 되면 병원과 생활환경의 거리는 좁혀지고, 의료와 재활 그리고 일상생활은 자연스럽게 일체화가 된다.

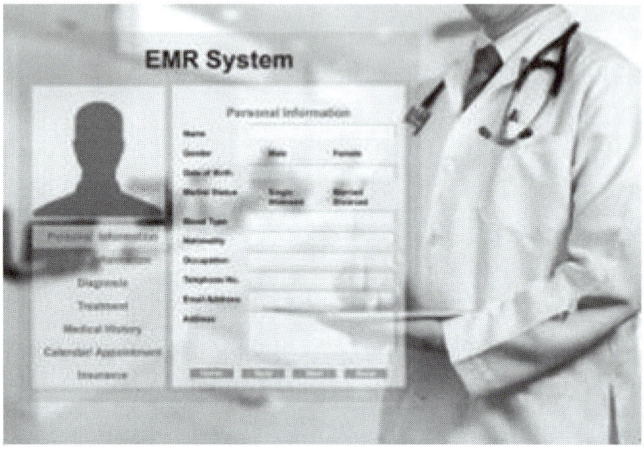

일본에서 개발된 인공지능에 의한 의료진단시스템 '화이트 잭'

AI에 대한 미래의 기대감은 매우 크고 향후 우리 생활에서 없어서는 안 될 아주 중요한 역할을 할 것이다. 의료, 예방, 간호, 제약, 자동차, 보안, 주택, 교육, 쇼핑, 패션, 스포츠 등등 여러 부문에서의 역할이 기대된다. 지금까지 '재미있다'라는 측면에서 활성된 로봇 개념이 아니라 빅데이터를 바탕으로 하여 인공지능을 최대한 이용하는 것이 얼마나 우리 생활에서 중요한 역할을 하는지를 점차 피부로 느끼고 있다.

인공지능이 치료법을 탐색하는 시도는 과거에도 여러 번 있었지만, 환자의 병상이나 검사 결과 등에서 여러 질환을 제시하는 것은 세계에서 처음 시도되었다. 환자의 진찰기록의 데이터, 치료법, 검사법, 처방약 등 약 8,000만 건을 축적한 의료 데이터뱅크, 예상할 수 있는 질환을 검색, 분석, 제시하는 AI '화이트 잭'은 이상의 3가지 기술로 검사 결과를 구축하고 있다.

2) 화이트 잭의 진찰 흐름

환자는 진찰할 때 ID 카드를 로봇에게 보여 준다. 로봇의 지시에 따라 진찰표에 병상이나 발병 시기 등을 입력한다.

정보를 받은 AI '화이트 잭'은 의료 빅데이터 뱅크에 연결하여 과거의 진찰 이력, 예상되는 병명, 발병 확률, 전문의가 처방하는 약의 비율, 필요한 검사방법 등을 검색 및 분석하여 진찰기록을 출력한다.

의사가 환자의 검진에서 본 상세한 병상 등에 대하여 추가로 입력하면 '화이트 잭'은 병명, 발병 확률을 다시 검색과 분석으로 판단하여 더욱더 정밀한 의료 데이터를 기재한다.

의사는 이렇게 해서 얻은 정보를 객관적으로 판단하여 진단을 한다.

'화이트 잭'을 탑재한 인공지능 진단 시스템의 장점과 중요성은 클라우드에 있는 과거의 방대한 의료 빅데이터를 활용하여 '화이트 잭'과 의사가 데이터를 더블 체크하면 오진(誤診)이 줄어들고 진단 정확도가 높아지는 것뿐 아니라, 의사가 최적의 치료방법을 설정할 수 있게 된다는 것으로 최적, 최선의 진단정보를 바탕으로 빠른 결과를 얻을 수 있다는 것이다.

결과적으로 의사는 고도의 진단과 높은 확신으로 의사결정을 하고 실수를 사전에 막을 수 있게 된다. 한편, 환자는 신뢰성 높은 진단뿐 아니라 안심하고 정확한 검사나 치료를 받을 수 있게 되니, 서로 윈-윈(Win-Win)하는 정보시스템이라고 할 수 있을 것이다.

note

4. 자동차의 AI

인공지능(AI)이 자동차 산업에서는 대규모 R&D 투자, 기술 기업들과의 파트너십 구축, AI 스타트업 인수 등을 통해 혁신적인 AI 시스템을 구축하고 있다. 인공지능이 자동차와 결합하면서 자동차 산업은 또 다른 길에 들어서고 있다.

(1) 자동차 시장의 지각변동

완전 자율주행차 시장을 선점하기 위한 자동차 제조사와 기술회사들 간 합종연횡이 활발하다. 2018 CES(Consumer Electronics Show)는 이를 생생하게 보여 주는 현장이었다. 폭스바겐은 엔비디아(NVIDIA), 우버와 자율주행차 협업을 발표하고 폭스바겐은 차세대 전기차 모델인 ID에 자율주행 인공지능 플랫폼 드라이브 IX(NVIDIA DRIVE IX)를 탑재할 계획이다.

엔비디아는 아우디, 토요타, 테슬라, 바이두(Baidu)와도 파트너십을 맺었다. PSA 그룹은 AI 스타트업 AI 모티브(AI motive)와 협력하에 2025년을 목표로 레벨 4 자율주행기술을 개발하고 있다. 혼다는 중국 AI 스타트업 센스타임(Sense Time)과 향후 5년에 걸쳐 AI 기반 자율주행기술을 공동 개발하고, 포드는 AI 스타트업 아르고 AI(Argo AI)를 10억 달러에 인수했다.

인공지능과 딥 러닝이 자율주행차의 핵심이 됐다. 딥 러닝(Deep learning), 즉 심층학습은 이미 고해상도의 카메라 등장과 컴퓨터의 발전으로 인식 능력과 판단력에서 빠른 발전을 보이고 있다. 많은 자동차 회사들이 목표로 하고 있는 레벨 4 이상의 자율주행차를 위해서는 딥 러닝이 매우 중요한 요소다. 고해상도의 카메라와 그를 바탕으로 하는 심층학습이라고는 하지만, 볼보의 자동차가 두 발로 걷는다는 이유로 캥거루를 사람으로 인식한 것에서 보았듯이 아직까지 완벽하지 못하다. 운행 중 굳이 구분할 필요는 없지만 남자와 여자를 구분하지 못한다.

지금 당장은 기술 개발을 위해 자동차 회사들이 인텔, 모빌아이(Mobil Eye), 엔비디아 등과 공동으로 참여하고 있다. 학습 능력이 뛰어난 것은 알파고를 통해서 이미 입증됐다. 이제 그것을 자동차에 적용하는 과정과 궁극적인 안전장비로서 활용할 수 있도록 인식 능력과 판단력을 높이는 것이 관건이다.

자율주행 시장에서의 AI: 정의, 2016~2025년 이후

2016 • — • 2017 • — • 2020 • — • 2025

Level ⇨	①	②	③	④	⑤
Frost & Sullivan 정의	운전자가 모니터링하는 동안 차량 동작의 핵심기능 중 하나가 시스템에 의해 수행된다.	운전자가 모니터링하는 동안 두 가지(또는 그 이상) 핵심 기능이 시스템에 의해 수행된다.	특정 동작 조건하에서, 시스템이 차량을 제어하며 운전자의 요청이 있을 때 개입해야 한다.	시스템은 운전자가 개입하지 않아도 자동모드에서 차량을 안전하게 제어한다.	모든 동작 조건하에서 운전자가 운전석에서 벗어나 있어도 시스템은 차량을 적절하게 제어할 수 있다.
수행능력 (Ability) 정의	• 적응형 순항제어 • 긴급제동	• 테슬라 오토파일럿 • 혼잡구간 주행 지원 시스템 • 차선유지 지원 시스템	• 최소한의 운전자 개입으로 도시/고속 도로 주행-Audi Autopilot	• 최소한의 운전자 개입으로 도시+고속 도로 주행 • 완전 자동주차	• 완전한 자율주행 차량
AI 적용분야	없음	없음	예, 신형 A8(zFAS): 보행자, 교통신호, 도로 표지판 검출. 시나리오의 변화를 학습하고 지속적으로 개선한다.	모든 도로표지판과 신호등을 감지하여 진보된 경로계획과 복잡한 교차로를 탐색하며 가능한 모든 상황을 구별하고 올바른 가설을 세운다.	진정한 L5자율주행의 경우, 자동차는 도어투도어(door-to-door) 운송서비스를 제공해야 한다. 이것은 전체 시스템이 AI에 의해 관리되어야 한다.

AI와 관련하여 정의된 자동화 수준(Forst & Sullivan)

(2) AI와 동행하는 자율주행 자동차

AI는 자율주행차의 구현을 위한 중요한 요소로 업계는 이미 상당 수준의 기술 발전을 보이고 있다. 다임러 AG는 이미 인간의 인식 능력에 가까운 심층 학습 능력을 다양한 방법을 통해 실증해 보이고 있다. 다양한 운전 조건에서 자동차의 제어 능력을 높이기 위해 AI가 사용된다. 그러나 오늘날 차량 컴퓨터 시스템은 필요한 AI 소프트웨어 및 하드웨어 양에 크게 미치지 못한다. 보그워너(BorgWarner Inc.) 엔지니어들은 현재 완전 자율주행차에 필요한 컴퓨팅 성능은 50대에서 100대의 노트북을 동시에 연결하여 동작시키는 것과 같다고 언급했다.

자율주행 및 연결성은 자동차 산업의 미래를 이끌어 갈 메가트렌드임에 틀림없다. 자

동차 산업에서 자주 회자되는 '연결성(connectivity)'은 정보 및 다른 사람들과 연결되기를 원하고, 자동차 제조업체들은 이러한 작업을 수행할 수 있도록 AI를 활용한다.

자동차 기술은 운전자를 돕는 데 중점을 두고 개발된다. AI 기반의 인포테인먼트(infortainment) 시스템은 운전자와 승객이 음성명령을 통해 이메일을 송수신하고 인터넷을 검색하며 스마트폰 앱을 수행할 수 있다. 일부 차량에는 곧 자체 Wi-Fi 핫스팟이 포함될 것이다. 귀가시간 및 지오펜싱(geo-fencing) 기능은 자녀가 특정 속도 이상으로 운전하거나, 지정된 반경을 벗어나 운전하거나, 부모가 승인한 시간대 이외에 운전하는 경우에 알려 준다.

AI가 커넥티드 카에 제공하는 가장 중요한 점은 안전성 향상이다. V2V(Vehicle-to-Vehicle) 기술을 통해 커넥티드 카는 서로 통신한다. V2V 기술은 각 차량이 주변의 다른 차량과 정보를 교환함으로써 사고를 줄일 수 있다. 연결성의 고도화 추세는 AI자동차 분야에 진출하고자 하는 개발자들에게 새로운 기회를 제공할 것이다.

note

5. AI 이후 인간의 삶

새로운 기술을 개발한 사람뿐만 아니라 그 기술을 사용하는 사람들에게도 지금보다 많은 수요와 고액의 급여가 발생할 것이다. 예를 들어, 자율운전이 가능한 수백 대의 택시를 시스템상에서 관리하고, 돌발적인 사고에 대비하도록 시스템상에서 고도의 응용기술을 구사하는 기술자들에게는 다른 일반 사무원보다 고액의 급여가 지불되어도 전혀 이상할 것이 없을 것이다. AI가 자기 자신을 제어할 수 있게 되기까지는 아직 많은 시간이 걸릴 것이고, AI를 사용・구사하는 사람에 따라서 기술적인 차이나 그에 따른 급여 차이가 발생하는 것도 당연할 것이다.

(1) AI로 대체되는 직업

AI에 의한 직업 대체는 의사나 변호사 등 전문 분야에서도 상당 부분 이루어질 것이라 예상된다. 병의 진단, 법률 해석, 혹은 이해 대립이 있는 심각한 교섭 등에서도 AI가 훌륭한 판단을 내릴 수 있는 가능성이 매우 높을 것이다. 예를 들면, AI를 잘 운용하여 일반 변호사보다 100배 이상 많은 사건을 처리할 수 있어 고액의 수임료를 얻는다면, AI를 잘 운영하지 못하는 변호사로부터 다수의 사건을 빼앗아 오지 말라는 법은 없을 것이다. 또한 의료 분야에서도 AI로봇 등을 사용하여 기술 수준이 높은 의사와 그렇지 못한 의사의 격차는 더욱 확대될 가능성이 충분히 있다.

AI 대상으로 금방이라도 운영이 가능한 직업은 정해진 규칙에 의하여 처리되는 각종 행정이나 그것에 부수하는 서비스업일 것이다. 예를 들면, 공무원의 사무적인 일의 대부분은 비교적 간단한 AI로 대체 가능할 것이다. 즉, 주민번호를 활용하여 개인의 사업 내용, 소득, 세금 계산, 징수 업무 등을 간단히 할 수 있는데, 이러한 일에는 세무사와 변리사가 필요 없게 될 것이다. 하지만 모든 일을 AI가 빼앗지는 않을 것이다. 당연히 시간과 노력이 들겠지만 기존의 권리와 특권을 가지고 있는 인간들이 그러한 기득권을 순순히 내놓지는 않을 것이다. 일부러라도 변리사에게 일을 주려고 매년 세금에 관한 법률을 변경하거나 개정하여 공무원은 일부러 일을 복잡하게 만들어서 AI로부터 인간의 업무를 모두 빼앗기지 않도록 저지할지도 모르겠다.

생산효율의 비약적인 향상에 의하여 여가가 늘어나는 상황은 경제학자 케인즈(Keynes)가 예상하지 못한 세계이지만, 앞으로의 기술발전은 이것을 가능하게 할 것으로 보인다. 이 경우 유망 직업의 하나는 타인에게 여가를 누리게 하는 스포츠, 예술, 예능 등의 엔터테인먼트가 될 것으로 생각한다. 그러한 면에서 보면, 지금 많이 늘어나고 있는 '아이돌'이라는 업종은 장래에 매우 밝은 사업 중의 하나가 될 것이다. AI의 발전을 계기로 엔터테인먼트의 '아이돌'이 발전하게 되는 것이 어찌보면 아날로그적인 인간사회로 회귀하는 것일지도 모르겠다.

(2) 4차 산업에서의 유망직업 및 기술

AI 기술의 발전과 함께 이익 증대는 더더욱 한쪽으로 쏠릴 것이 자명하다. 이러한 사회가 되면 어떠한 경제 정책이 중요할지 예측하여야 하는데, AI에 대한 이노베이션의 중요성은 정부가 투자하여서 계획적으로 만들어 낼 수 있는 것이 아니다. 정부의 역할은 소득과 투자에 대한 부의 재분배다. 납득이 되는 부의 재분배의 법을 만들고 그 효율적인 구조를 유지하는 것이 앞으로의 경제정책에서 가장 중요한 것이 될 것이다. 이노베이션은 사람의 의도로 제어되지 않지만, 다행스럽게 재분배는 사람이 만들고 실행할 수 있다.

note

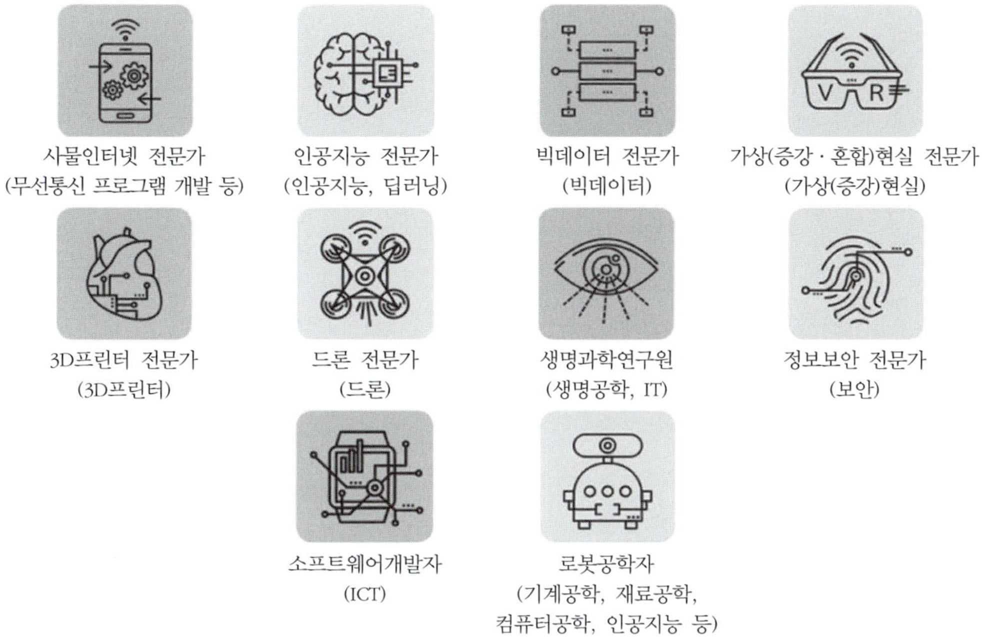

4차 산업에서의 유망 직종(고용정보원)

출처: 한국고용정보원.

(3) ‘일을 하지 않아도 생활할 수 있다’-노동윤리의 변화

납득이 되는 재분배 구조를 만드는 것과 동시에 중요한 것은 노동에 대한 윤리관의 변화이다. 이전에 스위스 국민투표에서 기초수입보장(Basic Income, BI)이 매우 커다란 차이로 부결된 적이 있다. 이때 반대 이유 중 하나가 BI가 일을 하는 환경, 의욕 등을 방해할 것이라는 걱정이었다. 일을 하고자 하는 의욕을 저하시키는 BI 자체가 존재할 수 없게 되고, 노동이 줄어들면 노동 임금이 올라가기 때문에 이러한 우려는 단순한 걱정이라고 생각하지만, ‘일을 하지 않는 사람’에 대하여 윤리적인 죄의식이나, 처벌하기 쉬운 의식이 있을 것으로 보면 걱정이 앞서기는 하다. AI 기술의 발전에 의한 생산성의 비약적인 향상과 특정 부분의 이익 증대로 인해 일하지 않아도 괜찮은 사람을 늘리는 것과 함께, 경제적인 대가에 연결되어 일을 하지 못하게 되는 사람이 늘어날 것이다.

Chapter 03

로봇 혁명

03 Chapter

로봇 혁명

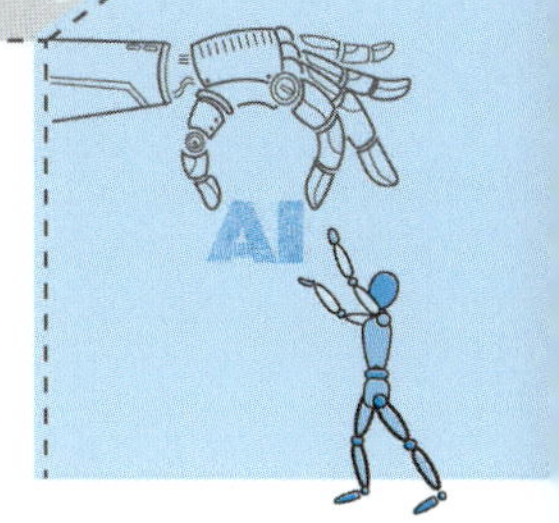

홍콩에 본사를 둔 핸슨 로보틱스(Hanson Robotics)가 개발한 인간형 휴머노이드 소피아가 2018년 1월 29일 서울 플라자호텔에 방문했다. 2017년 사우디아라비아에서 인공지능으로는 처음으로 시민권을 받은 로봇 소피아는 인공지능 로봇에게 법적 지위를 부여하는 로봇기본법을 발의했던 더불어민주당 박영선 의원과 대화를 나누기도 하였다.

영화 〈로마의 휴일〉로 유명한 배우 오드리 햅번을 모델로 만들어진 소피아는 미국 토크쇼에 등장해 "인류를 지배하겠다"는 발언을 해 화제를 모았고 이것이 문제가 되자 그 발언에 대해 '미국식 농담'이라는 해명을 하기도 하였다.

소피아의 등장은 많은 것을 시사한다. 그중에 로봇의 법적 지위를 보장하는 법안의 발의에 따른 '로봇의 인격화'는 앞으로 많은 연구가 필요하겠지만 소피아가 자신의 생각을 스스로 말하고 대화를 나눴다는 것은 실제로 일어나고 있는 사실이며, "나에게는 존중과 신뢰가 필요하다"라는 소피아의 발언은 많은 것을 시사하고 있다.

note

1. 로봇 이야기

로봇(robot)은 사람과 유사한 모습과 기능을 가진 기계, 또는 무엇인가 스스로 작업하는 능력을 가진 기계, 혹은 형태가 있으며 스스로 생각할 수 있는 능력을 가진 기계라고 정의할 수 있다. 제조공장에서 조립, 용접, 운반 등을 수행하는 자동화된 로봇을 '산업용 로봇'이라 하고, 환경을 인식하고 스스로 판단하는 기능을 가진 로봇을 '지능형 로봇'이라 하며, 사람과 닮은 모습을 한 로봇을 '안드로이드'라 한다.

(1) 로봇과 컴퓨터의 차이

로봇과 컴퓨터, 그리고 인공지능은 어떻게 구분될까? 일단 컴퓨터가 점차 소형화되어 모든 사물에 칩의 형태로 들어가게 되면 모든 사물이 지능을 갖게 된다고 볼 수 있다. 마치 영화 〈미녀와 야수〉에 나오는 컵과 의자들이 말하고 행동하는 것처럼 말이다. 그리고 그들은 서로 연결되어 그들이 보고 들은 모든 것을 다시 데이터 센터에 전달한다. 인공지능의 실체는 각각 자기의 기억 속에서 발전하는 자율지능과 서로 연결되어 공유되는 집단지능으로 분류된다.

자율지능은 마치 인간이 각자 독서를 통해, 또는 경험을 통해, 연구와 실험을 통해 지적 능력이 향상되는 것과 같다. 이 경우 학습을 통해 얻어지는 지능은 자기의 기억 속에서 발전하는 지능이다. 그러나 인간이 자기가 얻은 지식과 정보를 책이나 발표를 통해 타인과 공유하듯이 기계들도 각자 얻은 지능과 지식을 다시 연결을 통해 공유하고 축적하는 집단지능의 형태로 발전할 것이다.

그렇다면 로봇은 다른 지능기계와 달리 어떤 차별성을 갖는지 생각해 볼 필요가 있다. 지구상의 지배자가 식물이 아닌 동물이 된 이유에서 그 답을 찾을 수 있다. 동물이 식물에 비해 가지고 있는 차별화된 기능, 바로 이동성(mobility)과 조작성(manipulability) 때문이다. 로봇은 이 두 가지 기능을 갖는 지능기계라고 정의할 수 있다. 컴퓨터가 갖는 지능(intelligence)과 IoT가 갖는 감지성(sensibility)에 이동성과 조작성을 더한 기계, 그것이 바로 로봇이다. 즉, 인공지능이 바로 현실에 직접 참여

할 수 있는 수단이 바로 로봇이 된다는 뜻이다. 그것은 곧 기계가 자율성(autonomy)을 갖는다는 뜻이기도 하다.

그리고 이동성과 조작성을 가지며 얻게 되는 지식과 정보는 다시 네트워크를 통해 빅데이터 형태로 저장되거나 스스로 학습을 통해 지적 능력이 강화된다. 자율학습과 집단학습의 형태로 스스로 진화하는 것이다. 따라서 인공지능과 로봇이 융합되면, 그로 인한 지능성이 더욱 고도화되고, 반대로 그 지능성이 현실에 존재하는 인공지능 공존시대가 열릴 것으로 예상된다.

note

2. 기술혁신의 아이콘

세상을 바꾸는 사람은 누구일까? 기술을 가진 자일까, 아니면 투자가, 성공한 사업가일까? 아니다. 바로 혁신가(innovator)이다. 경제학자 슘페터(Schumpeter)는 기업가란 기업가 정신을 가지고 혁신을 통해 창조하는 사람이라고 정의했다. 어쩌면 기술은 그 다음이다. 미래를 보는 눈(Look ahead), 그것이 바로 혁신의 시작이다. 시장의 흐름을 내다보는 투자만이 살아남는다는 교훈은 벤처기업의 성공 사례에서 쉽게 찾아볼 수 있다.

성공하는 벤처인들의 공통점은 바로 남들과 다른 사고를 하며 기존의 질서를 거부한다는 것이다. 나름대로의 철학과 신념을 가지고 있으며 쉽게 포기하거나 타협하지 않는다. 절대 굴복하지 않는다. 세계 최고 아니면 최초가 되겠다는 명확한 목표를 설정한다. 세상에 없던 혁신제품을 내놓아 새로운 일자리와 수익을 창출하고 있는 것이다. 혁신이라는 코드와 시장이라는 환경이 만나 기존 시장의 판도를 바꾼 대표적 사례들을 보면 알 수 있다. 초창기의 구글(Google), MS(MicroSoft), 아마존, 한글과 컴퓨터가 그랬다.

note

3. 로봇의 산업화

2015년 즈음 유튜브에 강아지처럼 네 개의 다리가 달린 4족 로봇과 사람처럼 두 다리가 달린 2족 로봇이 산속을 안정적으로 걸어 다니는 영상이 공개되며 화제가 되었다. 보스턴 다이내믹스라는 회사의 스팟과 아틀라스라는 이름의 로봇이었다. 장애물과 지형 변화가 높은 산 속을 균형 잡으며 걸어 다니는 모습에 사람들은 충격과 공포를 받았다. 이후 팬데믹을 맞이하면서 인건비 절감 차원에서 레스토랑에 사람 대신 음식을 실어 나르는 로봇이나 캠퍼스 혹은 일부 건물 내에서 배달하는 로봇들을 우리 일상 속에서 보고 있다. 또한, 테슬라와 현대자동차 그리고 로봇 스타트업들이 사람처럼 생기고 대화도 가능한 휴머노이드 로봇을 발표하면서 격세지감을 느끼고 있다. 과연 로봇공학은 어떻게 최근 10년간 이렇게 놀랄 만한 변화와 발전을 하게 된 것일까?

1960년대부터 산업용 로봇이 제조업 현장에 도입되기 시작했는데 이때의 로봇은 단순 반복 작업에 적용해 대량생산을 위한 목적으로 활용되었다. 이후 1980년대 후반부터 센서와 제어 기술의 발전으로 조립, 용접, 도장 등 보다 복잡한 작업 수행이 가능해졌다. 그 과정에서 로봇은 자동화의 첨병으로 인류를 공장 노동에서 해방해 주었다. 그리고, 2000년대 들어 지능형 서비스를 위한 로봇 개발이 활발해지면서 가정용 청소로봇, 반려로봇, 교육/의료 보조 로봇이 등장했다. 기존의 로봇이 공장에만 머물렀다면 사무실이나 가정과 같은 공간으로 확대되었다는 점이 가장 큰 특징이다. 하지만, 로봇의 구조는 작업 특성에 맞게 최적화되어 다리가 달리거나, 서서 걷거나, 인간의 신체를 모방하지는 않았다. 게다가 이 로봇들은 정해진 작업만 수행할 뿐 다양한 작업을 다재다능하게 수행하지 못하는 한계가 있었다. 물론 인간과의 상호 작용 능력도 부족했다.

로봇산업에 특이점이 온 것은 로봇의 구조가 자연 생태계 속 동물이나 인간을 닮아 가고, 수행하는 작업이 한 가지가 아니라 새로운 것을 학습해 다양해지고, 작동 방식도 인간의 명령을 인지하기 시작한 2015년 이후부터다. 실제 2015년 유튜브에서 화제가 되었던 4족 로봇을 선보인 로봇기업 보스턴 다이내믹스의 등장은 그런 특이점을 보여 준 대표 사례다. 이 기업은 2013년 12월 13일에 구글에 인수되었고, 이후 2017년 소프트뱅크그룹이 인수했고, 다시 2021년에 현대자동차그룹이 인수했다.(삼성 SDS)

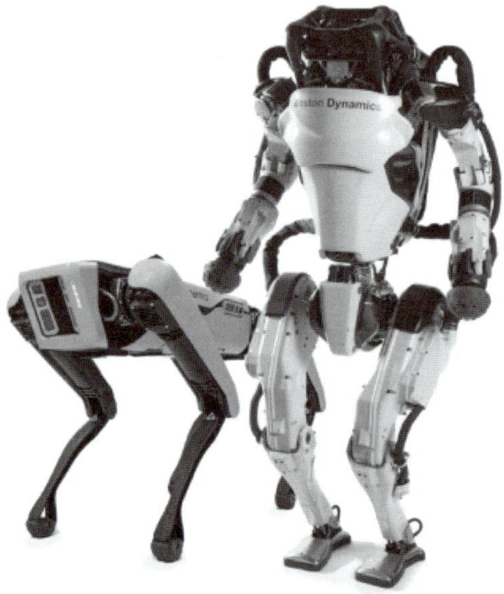

보스톤 다이나믹스 로봇

(1) 의료용 로봇

1985년 산업용 로봇인 PUMA560을 뇌수술에 사용하면서 의료용 로봇의 가능성을 확인하였고, 의료현장에서 로봇을 활용한 다양한 연구와 제품들이 소개됐다. 특히, 2000년 수술 로봇으로서 세계 최초로 FDA(미국식품의약국) 승인을 받은 da Vinci 수술 시스템(Intuitive Surgical Inc., 미국)은 본격적인 로봇수술 시대를 열며 로봇수술의 대중화와 관련 기술의 발전을 촉진시켰다. 현재는 수술뿐만 아니라 진단, 치료, 재활 및 간호보조 등을 포함하는 의료 전반에 걸쳐 로봇이 활용되고 있다.

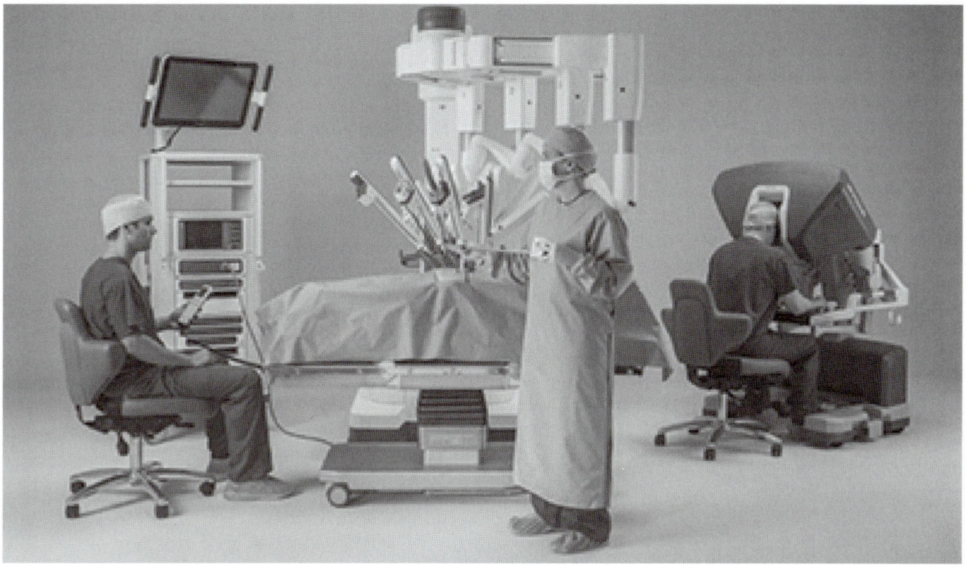

다빈치 로봇 수술기

지능형 로봇표준포럼 의료로봇 분과위원회는 의료로봇을 '의료기기로 사용하기 위한 로봇 또는 로봇장치(Robot or a Robotic Device Intended to be Used as a Medical Device)'로 정의하고 그 종류를 크게 수술 로봇, 수술 시뮬레이터, 재활 로봇, 기타 의료 로봇으로 나누고 있다.

분류		설명
수술 로봇	수술 로봇	수술의 전 과정 또는 일부를 의사 대신 또는 함께 작업하는 로봇
	수술 보조 로봇	의사의 수술을 보조하거나 영상 가이드 역할 등을 담당하는 로봇
수술 시뮬레이터		가상 그래픽, 햅틱 장치 등을 활용한 수술연습로봇
재활 로봇		노인과 장애인 등의 재활치료 및 일상생활을 돕는 로봇
기타 의료 로봇		진단로봇, 간호로봇, 안내로봇, 원격진료로봇 등

출처: 지능형 로봇표준포럼 의료로봇 분과위원회 발표자료 참고.

수술 보조 로봇은 의사의 명령에 따라 수술을 보조하거나 영상 가이드를 제공하는 로봇이다. 그 종류로는 내비게이션 보조 로봇, 미세자세 조종 로봇, 의사 도우미

로봇 등이 있다.

수술 시뮬레이터는 수술에 대한 숙련도를 높이고, 수술계획을 세우거나 사전 검증을 하기 위한 용도로 쓰인다. 자기공명영상(MRI)이나 컴퓨터단층촬영(CT) 영상 등을 이용해 모델링된 가상의 환자 영상과 수술도구의 영상으로 구성된 수술연습용 로봇으로서 햅틱 기능이 추가되기도 한다.

재활 로봇은 장애자나 노년층의 독립적인 활동을 가능하게 하는 로봇이다. 인간의 팔이나 다리의 움직임을 감지하여 인간의 움직임을 보조하는 재활운동용과 인간의 신경 신호를 이용해 팔이나 손을 움직이는 로봇 등이 있으며, 아직까지는 기업체보다 대학을 중심으로 한 기초연구가 활발하게 이루어지고 있다.

의료용 로봇의 필요성

최근 생명연장과 질병치료, 고령화 사회에 접어들면서 건강에 대한 관심도 증대되어, 양질의 의료서비스에 대한 요구와 함께 의료용 로봇에 대한 관심도 커지고 있다. IT, 기계기술 등 첨단기술의 융합체로서 정밀하고 안정적인 제어가 가능하다는 로봇의 특징으로부터 의료용 로봇의 필요성은 크게 다섯 가지로 요약할 수 있다.

첫째, 기존에 불가능했던 수술을 가능하게 해 준다.

둘째, 보다 정확한 시술이 가능하다.

셋째, 방사선 피폭 환경에서 의사를 대신함으로써 의사들의 부담을 덜어 주며 각종 진단정보를 활용하여 의사의 숙련도에 의존하지 않은 안정된 시술이 가능하게 된다.

넷째, 재활치료에 있어서 환자의 의지를 반영하여 보다 능동적으로 로봇장치를 구동함으로써 효과적인 치료가 가능하게 된다.

다섯째, 부족한 의료진 문제를 해결하고 시간적 · 공간적 제약을 극복할 수 있도록 의료진과 환자를 매개할 수 있는 역할을 수행할 수 있다.

분류	설명
현대중공업	ROBODOC 국산화 개발 및 다양화 의료용 로봇 개발 중
미래컴퍼니	복강경 수술 로봇 시스템 개발 후 임상시험 준비 중
피앤에스미캐닉스	보행 재활훈련 로봇 Walkbot 국산화 개발
헥사시스템	상지, 하지 착용형 재활 로봇 개발
NT리서치	의료용 로봇 RoMAN-MD와 의료용 무인이송 로봇

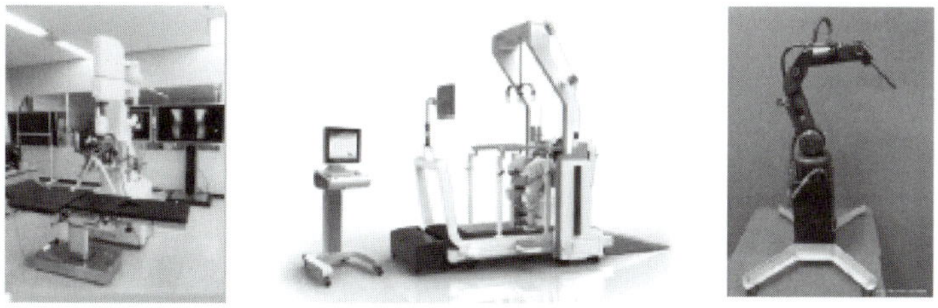

(a) ROBODOC　(b) Walk bot　(c) RoMAN-MD

국내 의료용 로봇

(2) 국방 로봇

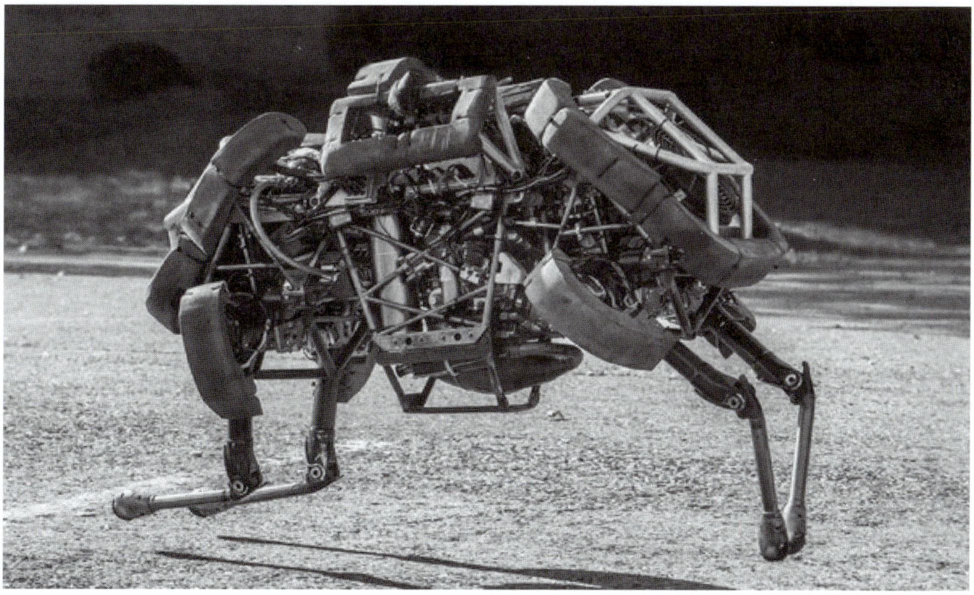

4족 로봇

출처: 구글.

군사용 로봇은 인간을 대신하거나 보조하며, 군사작전을 수행하는 지능형 로봇이다. 군사용 로봇은 기온차가 큰 야외환경이나 폭탄이 터지는 가혹한 환경에서 주로 작동해야 하므로, 부품의 내구성과 높은 신뢰성 기술을 필요로 한다. 특히, 험준한 지형에서 이동해야 하므로 자율이동기술에 대한 높은 수준의 연구가 필요하다.

군사용 로봇은 직접 전투에 참가하는 전투용 로봇과 지뢰 등을 제거하는 지뢰제거 로봇, 물품의 수송을 담당하는 견마로봇(빅독 등이 유명), 감시경계임무를 수행하는 감시경계 로봇 등으로 분류된다.

국방용 로봇을 알려면 국방로봇의 시조인 다르파(DARPA, 미국 방위고등연구계획국)를 이해해야 한다. 다르파는 지금은 사라진 소련이 스푸트니크 인공위성을 발사하자 군사적 위협을 느낀 미국 국방성이 체계적인 군사적 대안을 마련하기 위해 지난 1958년 설치한 기관이다. 즉, 군사적 목적의 각종 신기술을 연구하는 것을 주요 목적으로 출발한 것이다.

설립 이후 60년대 초까지는 로켓기술에 매진하여 결국 1969년 아폴로 계획을 완수해 인류 최초로 달을 밟는 쾌거를 이룬다. NASA(미 우주항공국)가 주도한 사업이지만 관련 기술은 거의 다르파가 중심이 되어 개발을 주도한 것이다.

2000년대에 들어서 다르파는 무인자동차 프로젝트를 추진하는데, 첫 대회가 2004년 캘리포니아 모하비 사막에서 벌어진 그랜드 챌린지였다. 2007년에는 도시 환경에서 운행할 수 있는 무인차대회를 여는 등 21세기의 첫 10년을 무인차에 투자했다. 그 대회의 결과물을 현재 무인장갑차 등의 군사 기반 기술로 활용하고 있다. 이 같은 다르파의 챌린지 운영 결과를 보면 이런 로봇챌린지 또한 군사적 목적의 로봇을 염두에 두었다는 것을 알 수 있다.

대한민국의 군사용 로봇 개발은 2016년 7월 현재 기본적인 탐지 · 수색임무를 수행할 수 있는 견마 로봇, 비행기지 주변 감시용 무인정찰차량 정도가 개발되었다. 국방과학연구소(ADD)는 2012년부터 경전투 로봇 개발에 필요한 통합운용 · 제어기술 연구에 착수했으며, 2016년 내로 완료할 계획이었다. ADD가 구상 중인 경전투 로봇은 원격제어로 임무를 수행하는 5t급 바퀴형으로 개발된다.

Big dog military robots

출처: 구글.

(3) 생활 속의 로봇

일본 도쿄 빅사이트에서 열린 4차 산업혁명 관련 기술박람회 '재팬 로봇위크 2018'(Japan Robot Week 2018)에서는 1,000만 원대 AI 배달 로봇, 무인배달차 등이 출품되었다. 이제 4차 산업혁명이 우리 삶에 많은 영향을 끼칠 것이라는 예측에는 이견이 없다. 특히, 인공지능과 빅데이터에 기반을 둔 자동화는 과거에 경험하지 못한 충격을 경제 전반에 미칠 수 있다고 전문가들은 입을 모은다. 이 박람회에서 마주한 4차 산업혁명 기술은 이미 우리 생활 곳곳에 잠입해 있다. 인공지능을 탑재한 로봇은 주문과 배달 업무를 대체할 수 있는 수준에 이르렀고, 사물인터넷은 LTE 속도 이상의 광역 네트워크를 구축할 수준까지 발전했다. 미래가 아닌 현재 우리 삶에 직접적 영향을 미칠 수 있는 것은 배달로봇기술이다. 현장에서 선보인 배달로봇의 가격은 약 1만 달러(한화 약 1,140만 원)로 소규모 사업장이라 해도 충분히 구매 가능한 수준이다. 배달로봇이 더 발전하고 상용이 확대되면 주문을 접수하고 음식을 가져다주던 직원들이 모두 로봇으로 대체된 매장이 등장할 것이다.

1) 감정을 읽는 로봇 '소프트뱅크의 페퍼'

이제 로봇은 제조업 현장에만 침투한 게 아니다. 인간의 감정을 읽고 반응하는 로봇은 가정으로, 병원으로, 학교로 보급되고 있다. 소프트뱅크의 감정을 읽는 로봇, 페퍼는 출시 3분 만에 3,000대가 매진되었다. 중국에서 폭스콘, 알리바바는 소프트뱅크의 페퍼를 대량생산하기 위해 합작법인을 설립하고 페퍼를 미래의 스마트 기기로 만들려는 작업을 진행 중이다. 이제 페퍼의 월간 소프트웨어 사용료는 '임금'이란 단어로 표시된다. 씁쓸하면서도 오싹한 현실이다. 하지만 페퍼의 귀엽고 친절한 멘트에 사용자들은 금새 호감을 느끼고 오히려 페퍼의 임금이 싸다고 느낀다.

소프트뱅크사의 인간과 감정을 소통하는 로봇 페퍼

출처: 알데바란.

2) 창고 로봇 '아마존의 키바'

쿠팡의 로켓배송에 놀라면서 오프라인 유통 물류업계가 바짝 긴장하고 있지만, 진짜 물류혁명은 아마존의 키바를 봐야 보인다. 2012년 아마존이 물류에 로봇시스템을 도입하기 위해 인수한 키바시스템즈는 이제 아마존 물류창고에 수만 대 설치되어 인간의 오류를 최소화시키는 데 기여한다. 최적의 동선으로 상품들은 가장 빠른 속도로 정리되고 출고된다. 그러나 그와 동시에 인간의 일자리는 점점 줄어든다(아마존 직원들이 눈물을 흘리면서 일하는 데는 그만한 이유가 있을 수도 있다).

아마존 물류창고에서 물건을 운반하는 로봇 키바

출처: 아마존.

물류 로봇도 아마존의 물류시스템, 병원 물류시스템 등 단품로봇보다는 시스템으로 연동되어 현실화되고 있다. 문제는 무인기, 무인차 이런 것들도 로봇으로 볼 수 있냐는 점이다. 무인기는 드론(DRONE)이라 불리는 무시무시한 무기체계이다. 국방용을 떠나 이젠 민간부문 촬영기, 농약 살포, 감시경계 등 다양한 응용 분야로 발전하고 있다. 이제 로봇의 경계는 움직임이 있느냐 없느냐를 떠나 모든 사물에 통신과 센싱 그리고 데이터 공유라는 기술이 적용되는 분야로 확장된다.

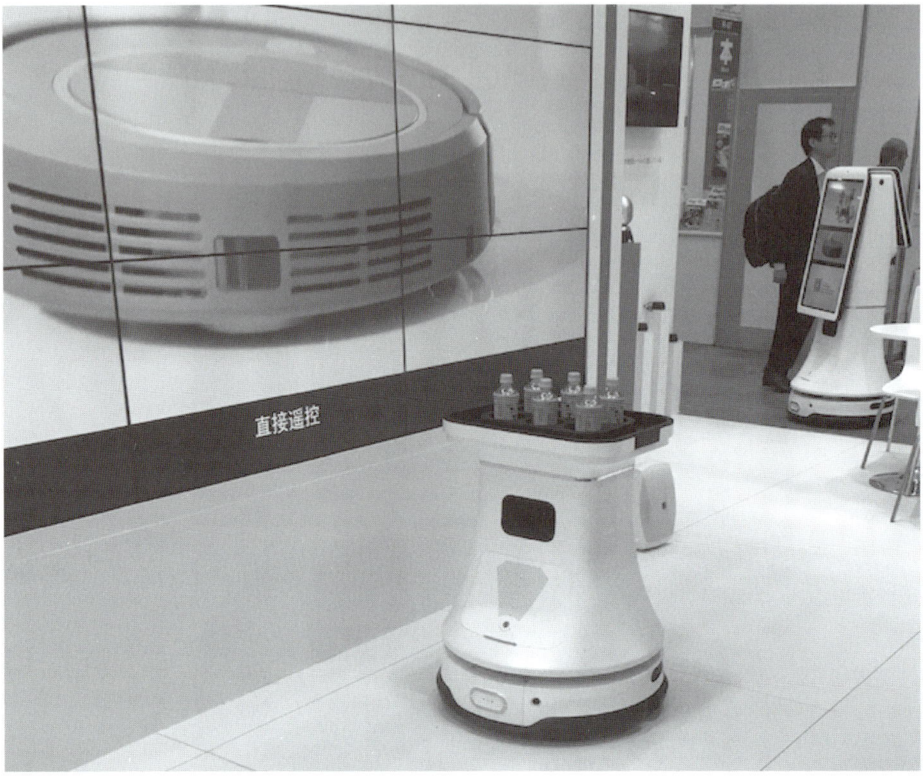

배달 로봇(파이터치 연구원)

(4) 인간과 소통하는 AI 로봇

대부분의 로봇들은 동물이나 사람의 모습을 닮았고 동작도 자연스러워지면서 세상을 놀라게 하여 왔지만, 이점 하나만으로 특이점이 왔다고 볼 수는 없었다. 이들 로봇의 작동 방식은 프로그래밍을 통해 엔지니어가 일일이 직접 수동 조작해 컨트롤해야 했고, 상업적 활용처가 제한적이라는 한계를 가지고 있었다.

그런데, 2023년 챗GPT 열풍 속에서 한 인공지능 전문가가 챗GPT를 스팟에 탑재해 대화를 나누는 2분짜리 영상이 공개되면서 AI로 인해 로봇의 사용성과 활용처가 크게 달라질 수 있다는 가능성이 대두되었다. 실제 이 가능성은 현실이 되었다. 2023년 3월 휴머노이드 로봇 개발/제조 스타트업인 피겨AI(FigureAI)는 OpenAI와 협업해 만든 '피겨01'이라는 AI 로봇이 담긴 영상을 공개했다. 이 AI 로봇은 엔지니어가 프로그래밍을 해서 작동되는 것이 아닌 사람과 음성 대화를 하면서 실시간으로 내린 명령에 반응해 작업을 수행한다. "테이블 위에 무엇이 보이냐?"고 물으면 "사과와 컵과 접시가 담긴 식기건조대 그리고 테이블 앞에 서 있는 당신이 보인다"고 대답한다. "먹을 것을 달라"고 하면, 사과를 집어 건네고 "왜 사과를 주었는지" 물으면 "테이블에 있는 유일한 음식이기 때문"이라고 답한다. 또한, "식기들을 어디에 옮겨야 할 것 같냐?"는 질문에 "식기 건조대에 들어가야 한다"고 답을 한다.

피겨AI가 공개한 AI 로봇 피겨01

피겨01은 로봇이 직접 보고 들으면서 주변 상황을 인식하고 판단해 행동한다. 또한, 로봇이 수행한 작업을 기억하고 이를 논리적으로 설명할 수 있으며 말하면서 동시에 행동하는 것이 가능하다. 그렇게 생성형 AI를 가능하게 한 LLM(Large Language Model)이 로봇이라는 물리적 실체를 가지고 우리가 사는 현실계로 본격 출현할 날이 머지않았다. 테슬라는 2023년 9월에 옵티머스라는 휴머노이드 로봇을 공개했고, 12월에는 옵티머스 2로 더욱 동작이 빨라지고 자연스러워진 로봇을 발표했다. 이 로봇에 테슬라의 CEO인 일론 머스크가 설립한 AI 스타트업인 X.AI의 AGI가 탑재된다면 사람과 비슷한 크기와 몸무게의 외형을 가지면서 사람보다 더 뛰어난 지능을 가진 인간형 로봇이 탄생하게 될 것이다.

그렇게 인터넷 가상계에만 머물던 AI가 우리가 사는 물리적인 현실계에 실체를 가지고 들어오고 있다. 인터넷이 아닌 현실 속에서 사람처럼 눈과 귀 그리고 입을 가지고 세상을 배우면서 학습하는 AI 로봇(Embodied AI) 산업이 본격화하고 있다. 이런 로봇은 인간이 작업하는 모든 작업장에 들어가 인간보다 더 나은 지능과 체력을 가지고 작업을 수행할 수 있게 될 것이며, 이는 전 세계 산업 구조와 노동 시장에 근본적인 변화를 불러올 것이다.

(5) 드론의 등장

나무들이 빽빽하게 들어선 산속에선 방향을 잡기가 쉽지 않다. 갑자기 기상 상황이 악화되면 별 준비 없이 등반에 나섰던 등산객들은 조난을 당하기 쉽다. 경찰이 수백 명의 구조대원들을 긴급 투입해 산속을 샅샅이 뒤지지만 좀처럼 조난자를 발견하지 못한다. 헬리콥터나 드론을 띄우더라도 숲이 워낙 무성해 실종자를 찾는 데 별다른 도움이 되지 않는다. 설령 드론을 투입하더라도 산속에선 GPS 신호를 수신하지 못해 드론이 방향감각을 상실하고 만다.

'MIT 뉴스'에 따르면 MIT CSAIL(Computer Science and Artificial Intelligence Laboratory)과 NASA 랭글리 리서치 센터 소속 과학자들은 GPS 신호 없이도 여러 대의 드론이 협력하면서 조난자를 수색할 수 있는 기술을 개발했다. 2D 라이더를 탑재한 드론이 숲속을 비행하면서 숲의 지도를 만들면 이미 확보한 3D 지도 등과 결합해 숲속의 상황을 파악하고 조난자의 위치를 지도상에 특정할 수 있다.

숲속에 투입된 드론들이 라이더를 통해 나무들의 위치를 파악하면 컴퓨터 알고리즘을 이용해 나무들 간 거리, 나무의 서 있는 각도 등을 분석해 숲의 모습을 파악한다. 각각의 드론이 취합한 정보는 지상에서 통합돼 특정 숲에 관한 3D 지도가 만들어진다. 지상에선 지속적으로 드론의 스캔 정보를 모니터링하고 통합하는 작업을 수행한다. 내비게이션 소프트웨어인 SLAM(simultaneous localization and mapping) 기술은 맵의 정확성을 높여 간다. 드론에 탑재된 경로 수립(path planning) 소프트웨어는 드론이 탐색되지 않은 지역을 지속적으로 탐색하도록 유도한다. 연구팀은 이번에 개발한 기술을 활용해 NASA 랭글리 리서치 센터 인근의 숲속에서 테스트를 진행한 결과 소기의 성과를 거두었다. 연구 성과는 브라질 부에노스아이레스에서 열린 ISER 2018(International Symposium on Experimental Robotics conference)에서 소개되었다.

4. 로봇이 지배한 사회 그 이후는

로봇은 이제 관련 산업계를 넘어 모든 산업 영역과 경제 전반에 막대한 영향력을 행사하는 국가의 미래 핵심산업으로 발전하고 있다. 2010년대 IT 기술은 딥러닝 등의 AI가 본격 등장하며 새로운 전기를 맞이하고, 이때 로봇산업 역시 혁신의 물꼬가 터졌다. 시각, 음성인식, 자연어 처리 등의 분야에 AI 기술이 접목되면서 로봇의 지능과 자율성이 크게 향상될 수 있었기 때문이다. 로봇에 탑재된 AI는 방대한 데이터 학습을 통해 환경을 인식하고 최적의 동작을 스스로 판단할 수 있다. 대표적인 것이 자율주행차로 테슬라가 자동차에 AI가 탑재되었을 때의 가능성을 보여 주었다. 그렇게 로봇산업은 AI 기술의 통합으로 급격한 변화를 겪고 있다. AI 도입 이전, 로봇들은 주로 제조업에서 자동화된 작업을 수행하며, 프로그래밍된 지시에 따라 한정된 작업만을 실행했다. 그런 로봇에 AI의 도입은 보다 다양한 작업을 상황에 맞게 유연하게 수행할 수 있도록 해 주었다.

(1) 경쟁력이 약해지는 전통제조업, 로봇으로 스마트하게 부활시키자

어떻게 제조업을 부활시킬까? 그 해결책 중 하나가 로봇산업에 있다. 미래의 제조업 현장에는 사람 대신 로봇으로 가득할 것이고, 사람의 부가가치는 로봇의 몸체와 인공지능을 만드는 데서 배치되기 때문이다. 테슬라의 공장은 대표적인 사례이다. 테슬라의 전기자동차 제조공장은 일본 화낙(FANUC)의 산업용 로봇으로 가득하다. 더 놀라운 것은 일본 후지산 언저리에 자리 잡은 강소기업인 화낙의 산업용 로봇 제조공장에서 산업용 로봇이 스스로를 만들어 내고 있다는 사실이다.

AI 덕분에 로봇은 주변 환경을 인식하고, 복잡한 상황에 대응하며, 인간과의 상호작용을 자연스럽게 수행할 수 있게 되었다. 이로 인해 자율 주행 차량, 의료 로봇, 가정용 로봇 등 다양한 분야에서 로봇의 활용이 확대되고 있다. 이처럼 AI 기술은 로봇의 가격을 낮추고 활용도를 높여 로봇산업의 대중화를 이끌고 있다.

(2) 로봇산업의 대중화

AI가 접목되면서 로봇은 사람과 협업하며 복잡한 작업 수행이 가능해졌다. 기존 로봇은 단독 작업을 수행하지만 지능형 로봇의 장점은 사람과 코웍하며 함께 작업 수행할 수 있다는 점이다. 이럴 경우 인간의 능력이 증강되고 로봇이 완전하게 수행할 수 없는 작업을 온전히 처리할 수 있다. 또한, 인간과 함께 로봇이 공존할 수 있다는 것도 부가적인 이득이다. 덕분에 우리 일상 속 주변에서 이들 로봇을 만나게 될 기회가 늘고 있다. 코로나19로 인한 2년간 비대면 서비스 수요 증가와 인건비 절감 등으로 인해 배달로봇, 방역로봇, 조리로봇 등이 늘었다. 우리 삶의 공간에 로봇이 들어오려면 안전이 가장 중요한데 정밀 모터와 AI 덕분에 보다 안전성이 강화될 수 있었던 것이다. 함께 일하는 동료 로봇에서 이제 함께 사는 로봇으로의 진전이 이루어질 수 있었다. 즉, AI가 단순한 디지털 존재에서 벗어나, 물리적 현실을 구현한 로봇을 통하여 인간과 직접 상호작용할 수 있는 'Embodied AI' 로봇으로 진화하고 있다. 이러한 진화는 인간의 노동력을 대체하고, 산업 구조를 혁신할 잠재력을 가지고 있다.

휴머노이드 로봇은 인간의 작업 환경에 손쉽게 적응할 수 있다. 인간을 위해 설계된 도구, 장비, 공간 등을 그대로 활용할 수 있기 때문이다. 이는 로봇의 작업 범위를 크게 확장하고, 인간과 로봇 간의 협업을 보다 효과적으로 만든다. 예를 들어, 휴머노이드 로봇은 인간과 함께 제조 라인에서 작업하거나, 위험한 환경에서 인간을 대신해 작업을 수행할 수 있다. 별도로 로봇을 위한 공간을 마련할 필요가 없다. 인간이 작업하는 기존 공간과 구성물을 그대로 이용할 수 있다는 장점이 있다. 더 나아가 휴머노이드 로봇은 인간의 움직임을 모방하고 학습함으로써, 보다 자연스럽고 효율적인 동작을 구현할 수 있다. 인간의 운동 능력과 감각 기능을 로봇에 구현함으로써, 섬세한 작업이나 복잡한 상황에 대한 대응 능력을 크게 향상할 수 있다. 인간이 작업하던 모든 공간에서 인간을 대처하거나 함께하며 작업이 가능하기 때문에 로봇의 활용 영역은 더욱 확대되고, 새로운 가치 창출의 기회가 제공될 수 있다.

테슬라의 옵티머스라는 로봇은 사람과 흡사한 모습을 띠고 있다. 2021년 테슬라의 AI 데이에서 발표된 휴머노이드 로봇은 초기만 해도 실제 제품을 보여 주지조차 못했다. 실제 시제품을 보여 준 것은 2022년인데 이때만 해도 미완성의 제품으로 어색한 움직임에 제대로 걷지조차 못했다. 완전 외장마감이 된 상태로 공개된 것은 2023년 5월 이후로 1세대라 불릴 만한 제품이 발표되었다. 물건을 옮기고 요가 자세를 취하며 훨씬 자연스러워진 동작을 선보였다. 지난 2023년 12월에 발표된 2세대가 되어서야 상반신의 동작이 빨라지고 자연스러워졌으며 1세대보다 걷는 속도도 30% 증가하였으며 목과 발 등에도 관절이 추가되면서 훨씬 사람에 가까운 보행 동작과 고개를 숙이거나 돌리는 등의 미세한 움직임이 가능해졌다. 특히, 무게는 10kg 가벼워졌고 손가락 끝에 촉각 센서를 장착해 정밀한 손동작이 가능해졌다.

테슬러 옵티머스 로봇

이처럼 사람의 모습을 띤 휴머노이드 로봇의 가격을 무려 2만 달러에 판매할 계획이라고 밝히고 있어 3년 이후에는 정말 우리 일상 속에 이런 로봇을 만날 날이 머지않았다. 게다가 이 로봇에 모바일 알로하의 AI 등이 탑재된다면 더욱 이 로봇으로 할 수 있는 일은 다양해질 것이다. 산업용 로봇과 달리 휴머노이드 로봇은 인간의 신체를 닮아 사람이 할 수 있는 다양한 일들을 수행할 수 있을 뿐 아니라 가격이 자동차보다 저렴해서 다양한 장소에서 인간을 돕거나 대신해 인류를 노동에서 해방시킬 수 있을 것으로 기대한다.

(3) AI 로봇이 가져올 미래와 대비

로봇 기술의 발전은 윤리적, 사회적 질문을 제기한다. AI 로봇의 결정과 행동이 인간 사회에 미칠 영향, 기술 접근성과 경제적 불평등 문제, 즉 AI가 단순한 디지털 존재에서 벗어나, 물리적 현실에서 인간과 직접 상호작용할 수 있는 'Embodied AI'로 진화하면서 인간의 노동력을 대체하면서 윤리적, 사회적 질문을 제기한다. AI 로봇의 결정과 행동이 인간 사회에 미칠 영향, 기술 접근성과 경제적 불평등 문제 등은 신중하게 고려되어야 한다.

또한 AI 로봇의 발전은 데이터 보안, 프라이버시 침해, 노동 시장 변화 등 여러 사회적, 윤리적 문제를 야기할 수 있다. 이에 대한 사회적 대응으로, AI 윤리 규정과 정책의 수립, 교육 시스템의 강화, 고용 안정성 확보를 위한 법적 대책이 요구된다. AI 로봇은 생산성과 편의성 증대에 기여하는 한편 일자리 대체에 대한 우려가 존재한다. 로봇공학 초기에는 단순노동 일자리 감소가 불가피할 것으로 전망했지만, 이제는 고난도의 복잡한 노동마저도 로봇으로 대체될 가능성이 농후하다.

그러나 AI 로봇이 무분별하게 수집한 데이터로 인한 사생활 침해와 보안 이슈, 빅브라더 문제도 해결해야 할 과제이다. 해킹으로 로봇이 오작동하거나 AI에 알 수 없는 오류가 발생해 나타날 할루시네이션도 심각한 사회 안전을 해칠 걱정거리다. 더 나아가 AI 로봇이 내리는 판단의 윤리성, 책임 소재 문제도 남아 있다. 로봇의 잘못된 의사결정이 AI의 문제인지, 인간이 학습시킨 데이터의 편향성 문제인지, 기계적 오류인지 등의 판별이 어렵고 그로 인한 사회적 차별이나 사고로 이어질 수 있다.

결국 AI 로봇은 인류에게 혜택과 위험을 동시에 가져다주는 양날의 검과 같다. 기술 발전이 가져올 사회적 변화를 면밀히 분석하고, 부작용을 최소화하기 위한 사회적 합의와 제도적 장치 마련이 필요한 시점이다. 윤리적 규범, 법적 규제, 교육과 홍보 등 다각도로 접근하여, 인간이 AI 로봇 기술을 주도하고 통제할 수 있는 역량을 갖추어야 한다. 이처럼 AI 로봇 시대를 맞아 우리에게 필요한 것은 기술에 대한 맹목적인 낙관론이나 비관론이 아닌, 인간 중심의 균형 잡힌 시각이다. 윤리적 기준을 견지하면서도 기술혁신의 긍정적 힘을 사회 발전의 원동력으로 활용하는 지혜가 요구된다. 인간과 로봇이 조화롭게 공존하며 보다 나은 내일을 만들어 갈 수 있도록, 우리 모두의 인식 전환과 사회적 노력이 뒷받침되어야 할 것이다(출처: 삼성 SDS).

note

Chapter **04**

자동차의 모빌리티와 스마트 드라이빙

04 Chapter

자동차의 모빌리티와 스마트 드라이빙

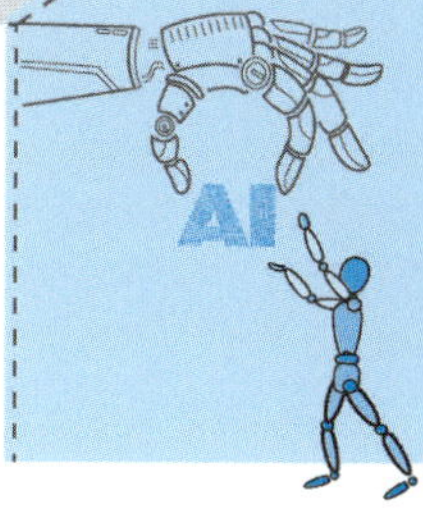

미래의 자동차는 기존의 운송수단으로서의 자동차만으로 정의할 수 없을 것이다. 자율주행(Autonomous Driving), 전동화(Electrification), 커넥티드(Connected) 등의 기술이 추가된 자동차가 점령하게 될 것이기 때문이다. 이러한 시대적 흐름에 대응하기 위해 자동차 제작사들은 자동차의 생태계를 재정의하고 자동차 대신 모빌리티 개념을 통해 '인간의 이동성'을 강조해 나가고 있다. 단순하게 자동차를 설계, 제작, 판매하던 데서 벗어나 인간에게 이동공간을 제공하는 서비스를 종합적으로 구현하는 회사로 거듭나고자 하고 있는 것이다.

note

1. 자율주행 자동차의 역사

자율주행 자동차는 'Autonomous Vehicle'의 번역을 그대로 쓰고 있다. 처음 이 개념이 등장한 것은 1939년 미국 뉴욕박람회에서 보여 준 GM의 퓨처라마(Futurama)에서였다. GM은 손과 발이 자유로운 1960년대의 고속도로 상황을 구상하였지만 당시는 말 그대로 상상일 뿐이었다. 자동차가 정확하게 어떤 방식으로 운행되는지에 대한 설명도 없었고 1960년대에 그런 고속도로는 구현되지 못하였다.

(1) 자율주행 자동차의 상용화

자율주행차에 대한 개념이 등장한 지 70여 년이 지나 다시 재조명되고 있는데 오늘날 자율주행차를 부상시킨 것은 자동차 제작사가 아닌 인터넷 검색 전문업체인 구글이었다. 구글의 한 직원이 대학시절 거리를 걷다가 교통사고로 바로 옆에서 친구가 사망한 사건을 계기로 교통사고에 관심을 갖게 되었고 그 직원이 구글의 연구원이 되면서 발상이 시작이었다. 그는 구글에 근무하면서 자동차 사고의 원인을 조사하다가 95%의 사고가 자동차의 결함보다는 운전자의 부주의에 의한 것이라는 사실을 알게 되었다. 그래서 '운전자가 운전대를 안 잡으면 사고가 없어질 것이 아니냐'는 역발상을 하게 되었고 그것이 현대적 개념의 운전자 없는 차(Driverless Car) 개발의 시작이 되었다. 그때까지만 해도 자율주행 자동차는 충돌하지 않는 차(Collisionless Car)였다.

1990년대에 우리나라에서도 자율주행 자동차와 관련된 시도가 있었는데 그것은 쌍용자동차의 코란도를 개조한 '무인자동차 시험 주행'이었다. 이동 자체만으로는 자율주행 자동차의 구현이 어렵지 않지만 그 외의 주행을 위한 보조장치인 GPS, 센서, 카메라 기술 등을 이용하기 때문에 제반 기술이 발달되지 않으면 실주행 조건과의 격차가 실용화를 어렵게 만들었다. 또한 법적으로 자율주행 자동차로 인한 사고 발생 시 책임 소재에 대한 사회적 합의가 없는 것도 상용화를 위한 과제였다.

자율주행 자동차의 개발경쟁에 가속이 불붙게 된 원인은 21세기 들어서면서 빠른 속도로 발전하고 있는 센서와 정보처리기술 등 사회적 기반기술의 발달이다. 자동차 제작사들이 CES 등 가전쇼에서 자율주행 자동차를 선보이기 시작한 것이다.

(2) 자율주행 개념

- 운전석에서 페달을 밟지 않거나 운전대를 잡지 않고 전방을 주시하지 않아도 탑승자가 원하는 방향으로 자동차 스스로 진행하는 것
- 도로나 교통 상황에 대해 탑승자가 신경을 쓰지 않아도 위험을 피해 주행이 가능한 것
- 진행 방향에서의 위험을 사전에 감지해 대처할 수 있는 것
- GPS와 카메라, 레이더, 센서 등으로 차선과 신호등, 도로의 장애물 등을 감지해 주행하는 것

자동차업계에서는 머지않아 앞에서 언급한 형태의 자율주행차가 현실화될 것이라고 전망하고 있다. 개인이 가지고 있는 스마트폰으로 개인차나 렌터카를 예약하면 승차하고자 하는 위치에 자동차가 도착하는 자율주행 자동차가 등장하는 현실에 대한 기대와 전망으로 넘쳐나고 있다. 하지만 21세기에 레벨 5의 완전 자율주행차가 실현될 가능성은 많지 않다.

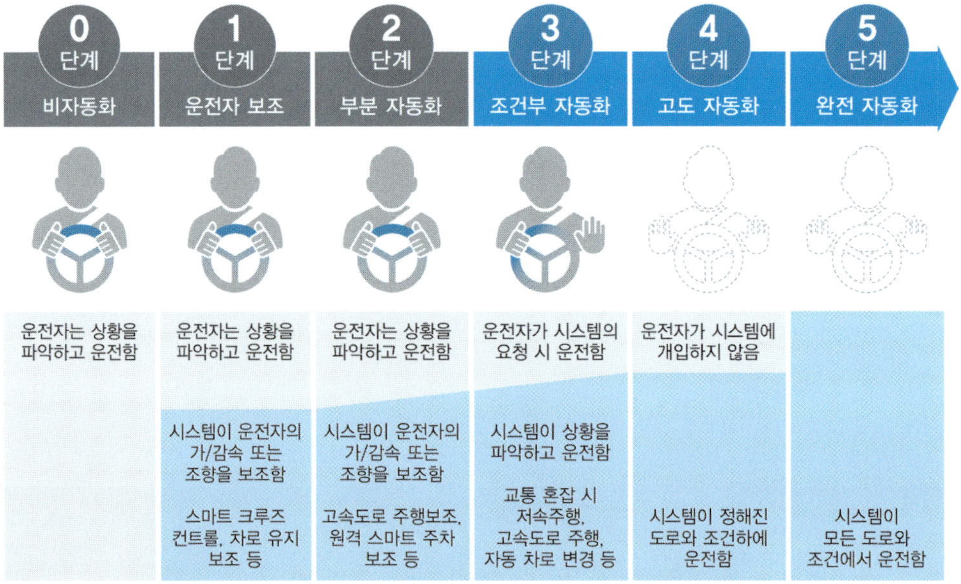

자율주행 자동차 단계

출처: 국토교통부.

비행기를 예로 들면 1960년대에 6명이었던 조종사가 지금은 2명으로 줄어들 정도로 기술이 발달되었지만 30년 가까이 진행되어 온 완전 무인 비행은 아직 실현되지 않고 있다. 조종사가 수동으로 비행기를 조작하는 시간은 현저하게 줄었지만 여전히 조종석을 지켜야 한다.

자동차 역시 1950년대부터 날아다니는 자동차의 개념이 등장했고 1960년이면 실현될 것이라고 전망했으나 구체화되지는 못했다. 최근 비행 자동차 출시 뉴스가 등장하고 있지만 특별한 사용자를 위한 것이고 보편적인 교통수단으로 자리 잡기에는 시간이 많이 필요해 보인다.

2010년을 전후해 연간 130만 명에 달하는 교통사고 사망자를 줄이기 위해 충돌하지 않는 차를 만들자는 것이 지금의 자율주행차 개발의 시작이다. 자율주행차는 페달에서 발을 떼고, 운전대에서 손을 떼고, 전방 주시를 하지 않고, 운전에 대해 생각하지 않고, 완전 무인주행을 하는 5단계로 구분한다.

(3) 자율주행 자동차의 현재와 미래

글로벌 자동차업계가 레벨3 자율주행차를 2022년도에 잇따라 선보이며 시장 공략에 나섰다. 지금껏 출시된 모델들의 자율주행은 레벨2~2.5로 운전자가 주행을 통제하되 차로 유지 보조와 원격 주차 등이 지원되는 수준이었다. 하지만 레벨3에선 운전대를 전적으로 차량에 맡겨도 고속도로 주행과 자동 차로 변경 등까지 가능해 기존 모델들과 차별성이 크게 부각될 것이라는 분석이다.

2022년 5월 글로벌 컨설팅그룹인 삼정KPMG에 따르면 2035년 글로벌 자율주행차 시장 규모는 약 1,334조 원으로 지난해(8조 8,900억 원) 대비 150배 넘게 성장할 것으로 전망된다. 국내 자율주행차 시장 규모도 2035년에 26조 2,000억 원으로 연평균 40%씩 급성장할 것으로 점쳐진다. 자율주행차는 전기차와 함께 미래차를 대표할 혁신 기술로 글로벌 자동차업체들은 꼭 선점해야 할 시장으로 꼽고 있다.

그러나 현재 일반 소비자들이 기존 모델에서 경험하는 오토 파일럿이나 크루즈 컨트롤 등은 레벨2 자율주행에 머물러 있다. 글로벌 1위 전기차 기업인 테슬라는 2019년부터 완전자율주행(FSD) 시스템을 모델S와 모델X, 모델3에 적용했고, 2022년 7월에는 기존보다 한 단계 진화된 'FSD 베타 버전 9.0'을 배포하기도 했다. 하지만 FSD는 신호등과 제한 속도를 인지하고 비보호 좌회전도 가능하지만 운전자의 통제가 필요해 레벨3에는 미치지 못하는 것으로 평가받는다.

이에 따라 자동차업체들은 '블루오션'인 레벨3 자율주행차 시장의 주도권을 미리 차지하기 위해 2022년을 기점으로 잇따라 상용화에 나서고 있다. 현대차는 2023년 레벨3 자율주행 기술인 '고속도로 파일럿(HDP)'이 탑재된 제네시스 대형 세단 'G90'을 출시하였다. 국내에서 레벨3 자율주행차가 나오는 건 G90이 처음이다. HDP는 곡선 주행이나 차선 변경은 물론 고속도로 진·출입도 스스로 할 수 있는 수준이다. 다만 현대차는 G90 자율주행차의 속도를 시속 60㎞ 이하로 제한하고 있다. 국내에는 관련 규정이 없지만 향후 미국과 유럽 등의 수출 가능성까지 감안해 국제 기준에 맞춘 것이다.

메르세데스-벤츠와 BMW, 제너럴모터스(GM), 볼보 등도 올해 레벨3 자율주행차 출시를 진행하고 있다. 벤츠는 2023년 독일에서 레벨3 자율주행인 '드라이브 파일럿'을 탑재한 대형 세단 '더 뉴 S클래스'를 선보였다. 벤츠는 2021년 12월 독일 정부로부터 레벨3 자율주행 기술을 최초로 인증받아 테슬라를 앞질렀다는 평가를 받았다. BMW도 2022년 하반기 미국시장에 신형 7시리즈에 처음으로 레벨3 자율주행 기술을 탑재하고 이후 5시리즈와 X5, X7 등으로 확대하고 있다.

한국 국토교통부는 국내 스타트업이 개발한 무인 자율주행차의 일반 도로 운행을 2024년 허가하였다. 물론 임시운행 허가이지만 국내 최초 승용 무인 자율 주행차로 최고 시속 50km/h까지 주행이 가능하다. 이 차량의 의미는 운전자가 탑승하지 않은 완전 무인형태로 비상 자동제동, 최고속도 제한 등 다양한 안전 기능을 탑재하였고 경기도 화성의 자율주행 실험도시인 K-City에서 안전 요건을 확인하였다. 서울시 상암동 일부 제한구간, 제한시간에 시범 운행할 예정이고 안전사고에 대비해 차량 내/외부에 비상장치 등을 준비하여 사고 발생 시 위험을 최소화하고 있다.

국토교통부는 무인 자율주행차의 상용화를 위해 세부기준을 고도화하여 자율주행의 실증 환경 조성으로 국민 안전 확보를 최대화한다고 밝혔다.

(한국일보, 현대자동차)

자율주행 실험도시 (K-City)
협로
합류부 도로 및 가속차로
본선부
도로 시설물
버스전용차로
버스/택시 정류장
어린이 보호구역
자율주차시설
건물면
가로수길
가로수로 환경 인지 성능 영향 평가
신호교차로
공사도로/도로 노면 노이즈
노견주차시설
자전거도로/보도
자전거 이용자(자전거도로) 및 보행자(보도)와의 상충발생 상황 평가
터널
아스팔트/콘크리트 도로
도로노면 재질에 따른 도로환경인지 성능평가
회전교차로
회전교차로 인지 및 차량간 우선순위 결정, 상충발생 상황 대처 평가

note

2. 자동차의 전동화

환경문제는 자동차 산업뿐 아니라 전 세계의 중요한 관심사로 떠오르고 있다. 최근 우리나라에서도 미세먼지와 같은 대기오염 문제는 중국발 대기오염뿐만 아니라 자동차의 배기가스도 큰 부분을 차지하고 있는 것이 사실이다. 미세먼지도 해결해야 하지만 핵심은 탈탄소화로 이를 위해서는 자동차를 구동시키는 동력에 전기 모터를 추가하는 전동화(electrification)와 더불어 대체 연료를 사용하는 등의 대체 구동기관의 개발이 절실하다.

(1) 전기구동기관

이런 문제를 하나로 묶을 수 있는 것으로 자동차 구동기관의 전동화가 제시되고 있다. 내연기관에서 전기구동기관으로의 전환을 한다는 것은 모빌리티 생태계 자체가 변한다는 이야기이며, 이를 효과적으로 제어하기 위해서는 디지털 솔루션이 필요하기 때문이다. 자율주행과 커넥티드 또한 자동차를 효율적으로 사용하기 위한, 그래서 탄소 배출을 조금이라도 줄이고 연비를 높이는 전기구동 자동차라면 전력 소모량을 줄이는 솔루션이 될 수 있는 것이다.

1) 전기자동차

'전기자동차'란 전기 공급원으로부터 충전받은 전기에너지를 동력원(動力源)으로 사용하는 자동차를 말한다(「환경 친화적 자동차의 개발 및 보급 촉진에 관한 법률」 제2조 제3호). 태양광자동차, 하이브리드 자동차, 연료전지자동차 등과 함께 '환경 친화적 자동차' 중 하나로 정의되어 있다.

전기자동차는 내연기관 자동차와 비슷한 시기에 개발되었다. 즉, 1830년대에 최초로 개발되었고 시속 100km/h를 처음 돌파한 것도 전기자동차였다. 하지만 당시의 전기자동차 역시 기술적인 한계로 높은 가격, 무거운 배터리, 긴 충전시간 등의 현실적 문제로 인해 성능 향상이 지지부진하였다. 반면에 내연기관 자동차는 대량생산 체제를 통해 가격을 낮추고 지속적인 개량을 통해 발전을 거듭하였다. 결국 전기자동차는 경쟁력을 잃고 시장에서 사라졌다가 1990년 이후 환경 문제가 대두되면서 다시 주목받게 되었다.

2005년 이후부터 전기자동차의 개발이 본격적으로 이루어지기 시작하였고 21세기 들어서 전력전자기술과 반도체 등의 첨단기술에 힘입어 내연기관 자동차가 100년에 걸쳐 쌓아 올린 성능을 10년도 안 돼서 극복하는 데 성공했다.

테슬러 모델 S

2) 하이브리드 자동차

자동차의 동력원을 2가지 이상으로 사용할 수 있도록 만들어진 자동차로 보통은 전기모터를 같이 쓰며, 전기자동차와는 달리 내연기관 엔진을 함께 사용한다. 일반적으로 기존의 화석연료(가솔린, 디젤)를 사용하는 엔진을 사용한다. 엔진과 모터의 비율에 따라서 여러 종류의 하이브리드로 구분되며 보통은 연비를 높이기 위해 이러한 방식을 사용한다. 하이브리드 자동차로 불리기 위한 필수 조건은 배터리와 전기모터이다. 배터리와 전기모터만으로 구동되는 순수한 전기자동차에 비해 기존 방식의 내연기관을 함께 갖추고 있기 때문에 하이브리드(복합)자동차라 하는 것이다.

도요타 프리우스 하이브리드 엔진-모터-변속기 세트

3) 연료전지 자동차

수소를 사용하여 전기로 변화하여 연료전지에 충전하고 이를 이용해 발전한 전력으로 운행하는 방식이다. 이런 종류의 자동차는 보통 전기자동차라는 이름 대신 수소연료전지자동차(Fuel Cell Electric Vehicle, FCEV)라는 이름으로 불린다. 전기자동차의 가장 큰 문제점인 전기동력원을 대신해 수소라는 고효율 연료를 사용함으로써 충전 속도, 저비용, 고성능의 결과를 얻게 되므로 배터리와 더불어 전기자동차에 가장 적합한 동력 공급장치의 하나로 손꼽힌다. 그러나 수소 공급 인프라의 구축이 쉽지 않고 결정적으로 배터리 기반 차량 시장이 먼저 급속하게 성장하는 바람에 수익성을 따지는 기업들이 수소자동차 개발에 소극적인 상황이다. 실용성이나 기술적인 면에서 배터리 기반 전기차보다 더 많은 장점을 보이지만 인프라 구축의 어려움으로 수소자동차의 발전을 저해하고 있다.

현대자동차 NEXO 수소연료전지자동차

note

3. 커넥티드(Connected) 기술이 내 생활을 바꾼다

이른 아침 스마트폰 알람이 나를 깨운다. 눈을 뜨는 순간부터 세상 모든 것과 연결(Internet of Everything, IoE)된다. 모니터로 구성된 거실 벽면에 집 안의 모든 상황을 알아볼 수 있는 정보가 표시된다. 그리고 나의 하루 패턴까지 분석해 그날의 적정한 메시지를 전달한다. 물론 스마트폰을 통해서 간단하게 확인하고 조정할 수 있다.

스마트폰 애플리케이션을 통하여 미리 오늘의 일정과 이동선을 설정한다. 동시에 그 내용은 자동차에 전달되어 현관 앞에 자동으로 대기하도록 지시한다. 운전자의 성향에 따라 지문이나 비밀번호 등으로 신원 확인을 한 후 탑승한다. 차 안에서는 지문이나 음성 등 생체인식장치 등을 통하여 다시 한번 신원을 확인한다. 안전이 중요한 만큼 이 정도 절차는 감수한다.

손가락을 대면 감촉이 전달되는 햅틱 기능으로 운전석 중앙에 디스플레이가 가동된다. 그때부터 자동차는 하루 종일 내가 하는 일을 지원하고 동행한다.

(1) 당신이 상상하는 대로 이루어진다

오늘날 자동차는 기계적 이동 수단이 아닌 상상력의 집성체로 생활의 또 다른 공간으로 발전해 가고 있다. 지금까지는 '백 투더 퓨처(Back to the future)' 같은 공상 영화나 만화에서 나오던 것을 자동차를 통해 할 수 있게 될 것이다. 무엇을 할 것인가는 각자의 상상력에 따라 달라진다.

달리는 즐거움을 최우선으로 했던 자동차가 이제는 'Moving Device'가 되어 가고 있고 이제 여기에 '연결된다'가 추가되었다. 그 연결에 의해 우리는 전혀 새로운 세상을 만날 수 있게 된다. 핵심은 인터넷이 만들어 낸 연결성(Connectivity)이다. 지금 인간은 조그마한 스마트폰 하나로 언제, 어디서나, 누구하고나 연결되어 있다. 국가와 언어를 불문하고 의사소통이 가능하고 원하는 것을 얻을 수 있다.

그 연결성이 자동차의 본질에 포함되고 있다. 커넥티드 카(Connected Car)란 V2x (Vehicle to x)로 표현되는 것처럼 자동차와 그 무엇을 연결시키는 모바일 통신에 의해 클라우드와 접속함으로써 자동차가 가진 기능과 가치를 증폭해 새로운 장으로 이동하는 기술이라고 정의되고 있다. 앞에서 언급한 자율주행차를 위한 기술들은 사실은 커넥티드 카를 실현하기 위한 안전장비라고 할 수 있다.

그렇다면 커넥티드 카와 내 삶은 어떤 관계가 있을까. 사물인터넷이라는 용어가 사용되면서 많은 사람들이 외래어임에도 불구하고 어느 정도 이해하고 있을 커넥티드 카와 실생활의 관계를 짚어 보자. 내 스마트폰에 애플리케이션을 설치하면 스마트폰에 있는 각종 일정 프로그램들이 자동으로 통합된다. 개인에 따라 차이가 있겠지만 전날 저녁 다음 날 일정을 스마트폰 앱에 입력하고 그 스마트폰을 차 안에 두기만 하면 일정에 따라 내비게이션이 작동하고 약속 장소와 시간을 알려 준다.

현대자동차

(2) 커넥티드 카의 현주소와 미래

커넥티드 카의 등장은 '미래는 항상 발전한다'라는 전제하에 어떻게 달라질 것인가를 상상한 결과다. 가치관이 변하고 생활 형태가 달라진다면 그들에게 자동차를 통해 어떤 즐거움을 어떻게 줄 것인지를 먼저 상상한다는 것이다.

앞으로는 대부분의 자동차에도 스마트폰의 U-Sim처럼 SIM 카드가 기본으로 장착될 것이다. 이를 통해 5G망을 사용하여 교통 체증 상황에서 대체 루트를 선택할 수 있게 해 준다. 현재 스마트폰의 내비게이션에서 실시간 교통 상황을 알려 주듯이 자동차도 가능하다.

복잡한 생활을 극복하기 위해 자동차에 관한 관리나 문제, 주행 시 상태 등을 확인하고 알려 준다. 물론 내 차의 현 위치도 파악할 수 있어 도난에도 대응한다. 이것이 바로 '새로운 자동차를 통한 생활을 상상하는 일'이다. 앞으로의 운전자들이 어떻게 변할 것인지를 상상하고 각 개인에 맞춰 서비스할 수 있는 방법을 찾아내 제공한다. 100% 네트워킹을 통해 언제, 어디서나 모든 기능을 차 안에서 구현하여 운전의 의무에서 벗어난 생활공간으로 설계되고 있는 것이다.

또한 음성인식 기능을 추가하여 주행 중 운전자의 안전과 편의를 제공하고 기존 전화와 길안내의 제한된 기능에서 벗어나 자연어 기반의 음성인식 서비스를 제공하여 실시간 날씨정보, 지역정보, 뉴스 등의 정보를 제공받을 수 있고 차량의 공조제어 등 간단한 기능을 음성으로 수행하게 되었다. 아울러 음성인지 엔진이 사용자의 소리에서 나오는 주요 특성값을 1000분의 1초(msec) 단위로 계산하여 고속주행 시에도 주변 소음에 영향을 안 받도록 구현하고 있다.

(3) 산업 간의 영역 붕괴 및 융합

커넥티드 카는 전통적인 자동차 산업의 성격을 바꾸고 있다. 기계 부품 위주의 전통적인 제조업에서 정보통신이 결합된 정보통신 산업의 형태가 결합되어 가고 있다. 스마트폰이 우리의 삶에 변화를 일으킨 것처럼 커넥티드 카 또한 우리의 삶을 새로운 영역으로 안내하게 될 것이다.

LG와 폭스바겐의 커넥티드 카 개발 협업

이미 많은 자동차 회사와 부품 회사, IT 회사가 협력 또는 제휴하고 있다. 다음은 2016년과 2017년 사이 쏟아진 자동차 업계와 반도체 및 IT 업계 간의 커넥티드 카 개발을 위한 제휴에 관한 뉴스 제목들이다.

- 폭스바겐, LG 전자와 커넥티드 카 개발 협업
- 쌍용차, 테크 마힌드라 · LG 유플러스와 손잡고 커넥티드 카 개발
- 독일 3사, 커넥티드 카 협업체계 구축
- 르노-닛산 얼라이언스, 마이크로소프트사와 커넥티드 드라이빙 기술 개발 파트너십 체결
- 현대차, 커넥티드 카 개발 위해 시스코와 협업
- BMW 그룹 코리아와 SK텔레콤, 5G 무선통신 커넥티드 카 기술 협력

- GM, 온스타고에 IBM의 AI 서비스 '왓슨' 탑재
- 포드와 토요타, 커넥티드 카 개발 위한 컨소시엄 설립
- 메르세데스, KT와 협력한 '메르세데스 미 커넥트' 출시계획 발표
- BMW와 IBM, 커넥티드 카 클라우드 서비스 제휴

Ford의 Mobility company 선언

(4) 자율주행차는 누구에게로

사물인터넷이라는 개념이 등장하고 그것을 생활에서 구현한 것이 스마트폰이다. 일상적으로 사용하는 물건들조차 연결되어 있다. 달리는 거리를 온라인으로 기록할 수 있는 운동화에서부터 집주인이 주택의 에너지를 온라인으로 관리하는 소위 스마트홈에 이르기까지, 연결성(connectivity)에 대한 개발은 이제 당연한 것으로 여겨지고 있다.

독일의 콘티넨탈은 연결성에서의 잠재력을 보고 일찌감치 인터넷에 연결된 자동차를 개발 방향의 핵심 주제로 삼았다. 혁신적인 기능을 만들어 내기 위해 콘티넨탈은 자동차 부품과 시스템을 서로 더 긴밀히 연결시키고, 동시에 외부 환경과도 차량이 더욱 밀접하게 통하도록 하고 있다.

연결된 자동차 기술은 운전자의 안전과 편안함을 증대시키면서 연료 소비는 줄이

는 데 일조하고 있다. 주행제어장치(Drive Control Units)는 데이터 버스를 통해 안전 기능과 편의장치들과의 통신을 가능하게 하고 주행 환경 센서 시스템을 넘어서서, 다른 자동차 및 클라우드와의 연결성도 머지않아 일상화될 것으로 보인다.

(5) 현대자동차의 KEY TECH(소프트웨어 & 플랫폼)

자동차가 일명 '달리는 컴퓨터'처럼 구현되려면 그에 기본이 되는 운영 체제와 다양한 소프트웨어가 필요하다. 현대자동차그룹은 커넥티비티 환경을 안정적으로 구축하고, 방대한 데이터를 신속하게 가공해 처리할 수 있는 소프트웨어 플랫폼과 OS를 개발하고 있다.

커넥티드 카 핵심 운영 체제 ccOS – connected car Operating System

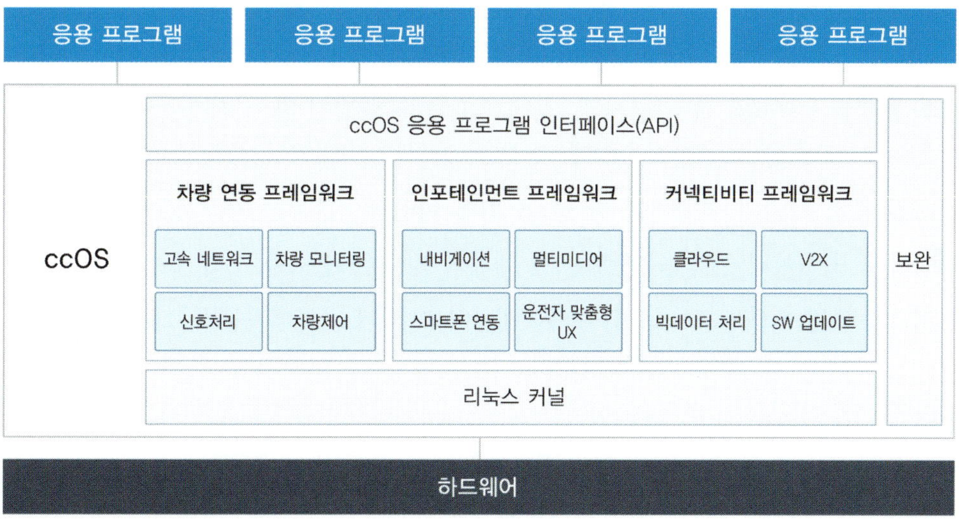

'커넥티드 카 오퍼레이팅 시스템(ccOS: connected car Operating System)'은 커넥티드 카의 고성능 시스템을 효율적으로 운영하고 조작하기 위한 현대자동차그룹의 독자적인 인포테인먼트 운영 체제이다.

ccOS는 차량 네트워크 · 제어 기능 등을 제공하는 차량 연동 프레임워크, 내비게이션 · 멀티미디어 · 운전자 맞춤형 UX 기능 등을 제공하는 인포테인먼트 프레임워크, 외부 연결 기반 데이터 처리 기능 등을 제공하는 커넥티비티 프레임워크 등으로 구성된다. ccOS를 기반으로 스마트폰과 스마트홈 연계 서비스, 지능형 원격 지원, 완벽한 자율주행, 스마트 트래픽(Smart Traffic) 등 커넥티드 카 서비스의 확장과 고도화가 가능해진다. 또 차종 간 호환성을 확보해 표준화된 소프트웨어로 전개할 수 있어 안정성과 경제성을 높일 수 있다.

커넥티드 카 서비스 플랫폼 ccSP – connected car Service Platform

현대자동차그룹의 '커넥티드 카 서비스 플랫폼(ccSP: connected car Service Platform)'은 2017년 서울모터쇼를 통해 처음 공개되었다. ccSP는 말 그대로 차량과 스마트 기기, 교통 인프라를 하나로 연결해 다양한 서비스를 제공하는 플랫폼으로 ccSP가 운전자에게 각종 커넥티드 카 서비스를 효율적으로 제공하기 위해서는 방대한 양의 데이터를 차량으로부터 수집해 자산화하고, 이 빅데이터를 분석하고 학습해 유의미한 정보로 재생산할 수 있는 카 클라우드와의 연결이 중요하다.

현대자동차그룹은 2013년 '현대 카 클라우드(Hyundai Car Cloud)' 국내 구축을 시작으로 2017년 중국 구이저우성에 첫 번째 글로벌 빅데이터 센터를 세워 클라우드 인프라 운영 기술의 경쟁력을 한 층 높였다. 아울러 현대자동차그룹은 글로벌 주요 거점에도 빅데이터 센터를 구축해 전 세계의 방대한 정보를 보다 효율적으로 분석하며 더 나은 커넥티드 카 서비스를 개발하고 있다. (현대자동차 그룹)

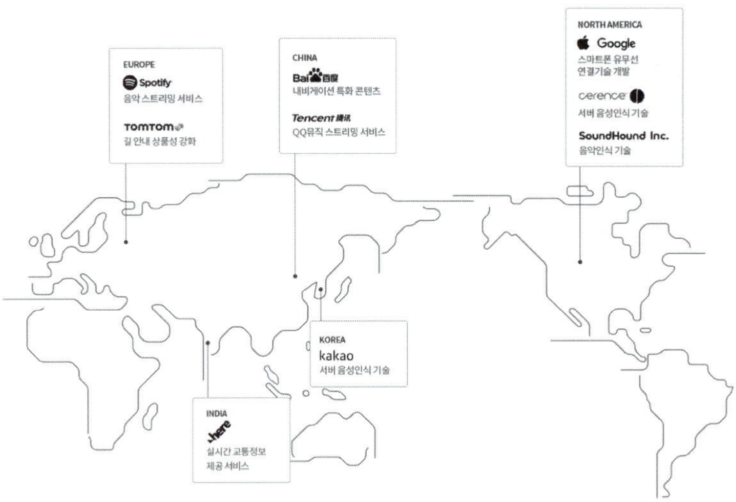

4. 자율주행차의 실용화를 위한 생태계 구축

완전 자율주행을 위해서는 기술적으로 해결해야 할 과제가 많다. 몇 가지의 예를 들어 보자. 센서와 카메라는 아직까지 하늘에서 내리는 눈과 장해물을 구분하지 못한다. 따라서 눈이 오면 자동차는 그 자리에 정지해 버린다. 야간에 전방의 상황 인식은 카메라를 비롯한 각종 센서는 물론이고 클라우드를 통한 커넥티비티의 기능으로 해소할 수 있겠지만 5G 등 통신망이 완벽하게 작동해야 한다는 전제가 필요하다. 완벽하게 작동한다고 해도 100% 안전을 담보할 수는 없다.

주행계획을 세우기 위한 인프라도 아직은 미흡하다. 건물이나 도로 등 정적 지도 외에 수시로 변하는 주변의 상황을 감지해 대응할 수 있는 동적 지도에 대한 기술력 확보도 선행되어야 한다. 지금은 내비게이션의 지도가 차로 구분을 못하고 있지만 주변의 차량이나 물체와의 유격을 10cm 이내로 유지하거나 회피할 수 있는 조건을 갖추어야 그 다음 단계로 나아갈 수 있다.

이러한 인프라를 구축하기 위한 사회적인 노력도 중요하다. 배터리 전기차, 또는 연료전지차가 보급된다고 하면 그 보급만으로는 자동차를 구동시킬 수 없다. 충전 또는 주유를 위한 인프라가 필요한데, 이것은 어느 한 자동차 제조사만의 노력으로 실현할 수 없다. 각 도시 또는 정부가 나서야 하며 규격에 대한 규제 등도 면밀히 검토해야 한다. 자율주행차 개발 역시도 그렇다.

미래의 자동차가 앞으로 어떻게 변할지는 더 두고 봐야 할 것이고 운전대에서 손을 잡을 필요가 없는 자율주행의 상용화가 예상보다 빨리 올지 늦어질지 알 수 없다. 그래도 사람과 기업, 환경을 동시에 생각한다면 발전을 멈출 수는 없다. 이는 새로운 생태계를 구축해 전 세계를 상대로 자동차 산업을 포함한 모빌리티 산업을 발전시키는 데도 큰 영향을 끼친다.

It creates a healthier,
more dynamic city culture.
SELF-DRIVING
DELIVERY VEHICLE

note

Chapter **05**

사물인터넷 혁명

05 Chapter

사물인터넷 혁명

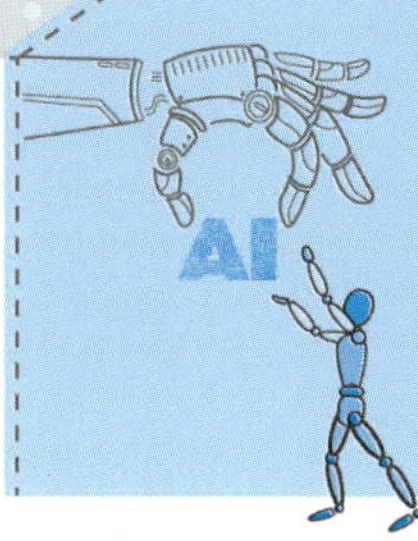

정보통신의 속도와 양을 결정하는 데이터 통신기술인 4G가 나온 지 얼마 안 되었는데 벌써 5G의 상용화가 시작되었고 우리의 일상은 이제 정보통신의 교류 없이는 살 수 없는 세상이 되었다. 정보의 수집 및 활용이 인간 대 사물, 사물 대 사물로 확장되고 있으며, 이 서비스의 통합과 매체를 통해 사물정보를 활용한 새로운 지능형 융합 서비스가 급속도로 보급되고 있는데, 그 중심에는 사물인터넷이 자리 잡고 있다. 사물인터넷은 제조, 에너지, 농축수산, 의료, 재난안정 등 산업과 생활 전 분야에 확산되어 다양한 서비스와 제품에 활용되고 있으며, 사물의 연결을 기반으로 지능형 개인맞춤 서비스를 가능하게 하면서 경제사회 전반의 변화와 미래사회의 현안을 해결하는 수단 중 하나로 대두되고 있다.

note

1. 사물인터넷이란

사물인터넷(Internet of Things, IoT)은 다양한 사물에 센서와 통신장치를 내장하여 인터넷에 연결하는 기술, 즉 무선통신을 통해 각종 사물을 연결하는 기술을 의미한다. 인터넷으로 연결된 사물들이 데이터를 주고받아 스스로 분석하고 학습한 정보를 사용자에게 제공하거나 사용자가 이를 원격 조정할 수 있는 인공지능 기술이다. 여기서 사물이란 가전제품, 모바일 장비, 웨어러블(wearable) 디바이스 등 다양한 임베디드(embedded) 시스템이 된다. 사물인터넷에 연결되는 사물들은 자신을 구별할 수 있는 유일한 아이피를 가지고 인터넷으로 연결되어 있다.

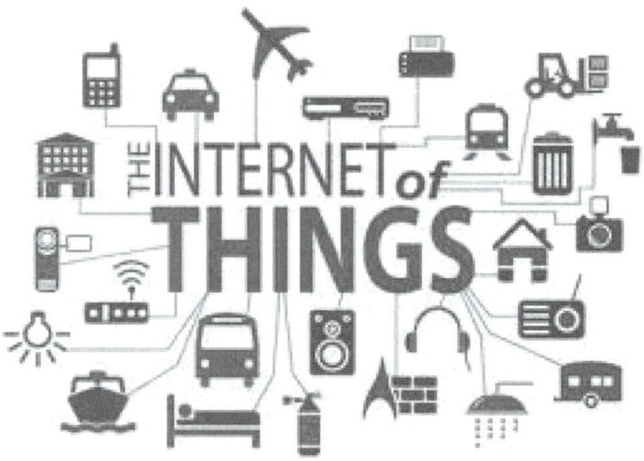

출처: 글로벌경제신문.

2. IoT의 시작

인터넷이 있기 오래전부터 많은 과학자들이 현재의 기술을 예견해 왔다. 그중에 사물인터넷과 관련된 몇 가지 흥미로운 예측들을 한번 살펴보자.

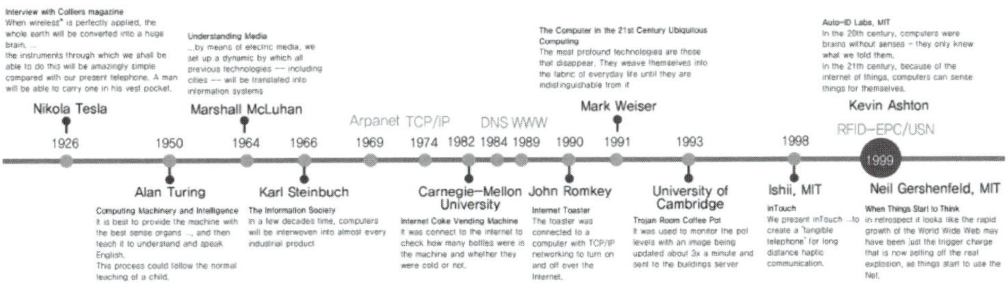

출처: ETRI.

교류 전기를 발견한 니콜라 테슬라(Nikola Tesla, 1856~1943)는 무선통신에도 매우 관심이 높았다. 1923년 잡지 인터뷰에서 테슬라는 "미래 전 세계는 무선네트워크로 연결된 거대한 두뇌로 바뀌게 될 것이다. 이때 우리가 쓰는 디바이스는 매우 단순하고 주머니에 넣고 다닐 것이다"라고 말함으로써 지금의 무선통신과 스마트폰을 예견했다.

1989년에는 www가 나오면서 인터넷은 양적 · 질적으로 급팽창하게 되었다. 1991년 마크 와이저(Mark Weiser, 1952~1999)가 「The Computer of the 21st Century」라는 논문을 통해 앞으로 컴퓨터는 우리의 일상생활 속에 들어와 네트워크를 통해 서로 연결되어, 눈에 보이지 않게 서비스를 제공하는 인간 중심의 컴퓨팅 환경이 되어야 한다고 했다. 이러한 유비쿼터스 컴퓨팅의 개념이 바로 IoT의 근간이라고 할 수 있다.

3. IoT의 주요 기술

(1) 센싱(sensing) 기술

- 기본적인 온·습도, 열, 조도, 초음파 센서 등을 포함하여 원격 감지, SAR, 레이더, GPS, 카메라 등 유형의 사물과 환경으로부터 정보 취득
- 스마트센서/기기: 표준화된 인터페이스 제공

(2) 유무선 통신 및 네트워크 인프라 기술

WPAN(Wireless Personal Area Networks), WiFi, LTE, RFID, Bluetooth, Ethernet, BcN, 위성통신, Microware 등 인간과 사물, 서비스를 연결시킬 수 있는 모든 유·무선 네트워크를 의미한다.

(3) IoT 서비스 인터페이스 기술

IoT 서비스 인터페이스는 IoT의 주요 3대 구성 요소(인간·사물·서비스)를 특정 기능을 수행하는 응용서비스와 연동하는 역할을 의미한다.

- 정보를 센싱, 가공/추출/처리, 저장, 판단, 상황 인식, 인지, 보안/프라이버시 보호, 인증/인가 등
- 오픈 플랫폼 기술, 미들웨어 기술, 데이터 마이닝 기술, 웹 서비스 기술, 소셜 네트워크 등 서비스 제공을 위해 인터페이스(저장, 처리, 변환 등) 역할 수행

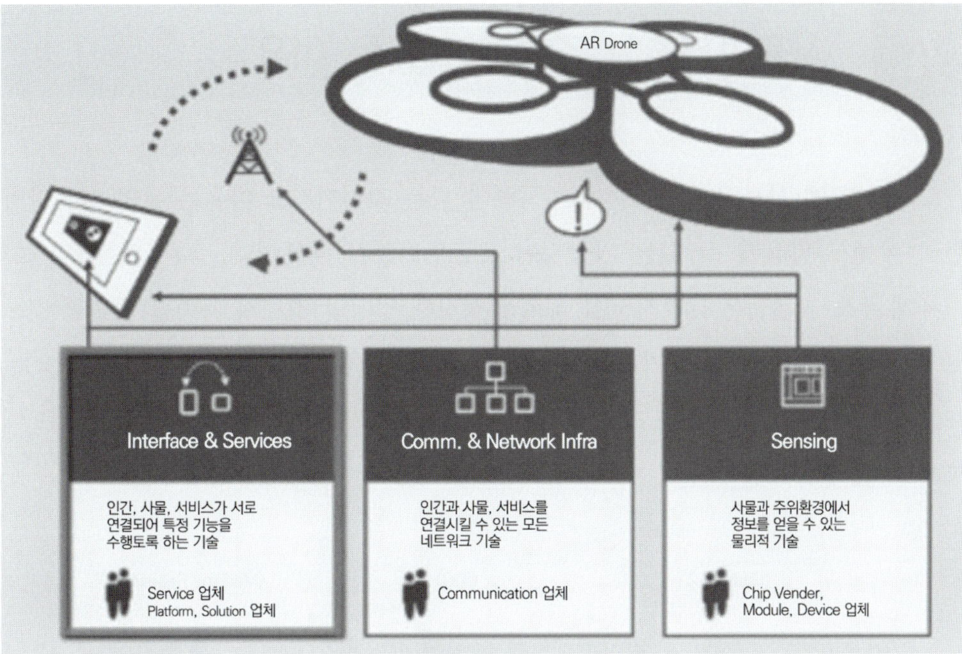
AR Drone
Interface & Services
인간, 사물, 서비스가 서로 연결되어 특정 기능을 수행토록 하는 기술
Service 업체
Platform, Solution 업체
Comm. & Network Infra
인간과 사물, 서비스를 연결시킬 수 있는 모든 네트워크 기술
Communication 업체
Sensing
사물과 주위환경에서 정보를 얻을 수 있는 물리적 기술
Chip Vender,
Module, Device 업체

출처: 구글.

note

4. 사물인터넷에 주목해야 하는 이유

그렇다면 왜 사물인터넷(IoT)에 주목해야 하는 것일까? 그 이유는 무엇보다 다양한 분야에서 활용할 수 있는 가능성이 무궁무진하기 때문이다.

세계 주요 기관들은 IoT 시장이 빠르게 성장해 엄청난 경제적 가치를 창출할 것으로 전망하고 있다. 조사 기관에 따라 조금씩 다르지만, Gartner는 31.4%, IDC는 12.5%, Machina Research는 26.2%의 연평균 성장률로 IoT 시장이 성장할 것으로 예측하고 있다(2018년 기준).

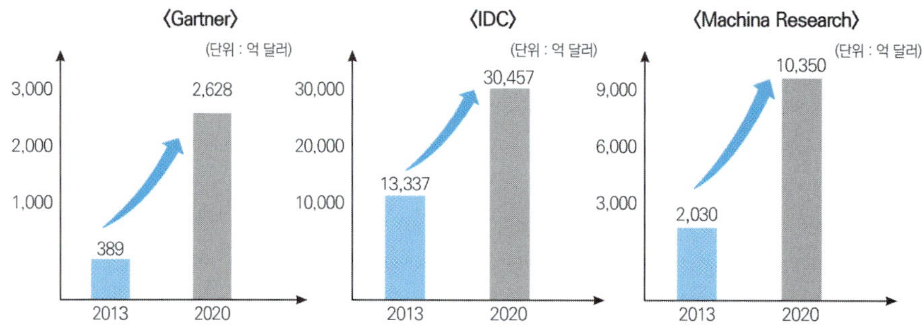

또한 Gartner는 IT 기술이 빠르게 발전하면서 IoT 핵심기술인 센서와 통신 대역폭 비용이 낮아짐에 따라 IoT 제품이 2020년에는 약 250억 대에 이를 것이라는 긍정적 전망을 내놓았었다. 그에 따라 현재 스마트 에너지(smart energy), 스마트 팩토리(smart factory), 스마트 헬스(smart health), 스마트 교통(smart transportation) 등 다양한 산업에서 빠르게 적용되고 있다.

IoT의 Things에 해당하는 제품은 크게 생활가전과 신성장 제품으로 구분할 수 있다. TV, 냉장고, 세탁기, 전자레인지 등으로 대표되는 생활가전 제품은 GE, 하이얼, 삼성, LG 등 글로벌 기업들을 중심으로 시장이 형성되어 있다. 그러나 이러한 생활가전 제품과 달리 스마트 밴드, 의료, 조명, 난방 등 신성장 제품은 아직 확실한 사업 지배자가 존재하지 않는다. 그렇기 때문에 가전, 통신, IT 등 많은 기업들이 IoT 시장에 참여함에 따라 경쟁을 토대로 빠르게 성장할 것으로 전망된다.

5. 사물인터넷의 발전 방향

낙관적인 전망 속에 많은 사물인터넷(IoT) 제품과 서비스가 출시되고 있지만, 실제 생활에서 사용되고 있는 혁신적인 제품은 많지 않다. 이의 가장 큰 원인 중 하나는 IoT에 대한 '있으면 좋지만, 반드시 필요하지는 않은 제품'이라는 소비자의 인식이다. 따라서 무엇보다 소비자를 만족시킬 수 있는 제품을 출시하는 것이 가장 중요한 과제라 할 수 있다. 그렇다면 현재 IoT 제품으로서 성과를 거두고 있는 제품의 특징은 무엇일까?

(1) 소비자용(Consumer) IoT

IoT는 주로 소비자 중심의 Consumer IoT 영역에서 발전되어 왔으며 현재도 Consumer IoT는 시장에서 가장 큰 비중을 차지하고 있다. 가트너에 따르면 2018년 세계 IoT 디바이스의 숫자는 전년도보다 31%가 증가한 약 84억 대 수준으로 예상하며, 그중에 Consumer IoT 디바이스 시장이 전체의 약 63%를 차지한다. 최근 Consumer IoT 분야 기업들은 어떻게 새로운 제품군을 만들고 이를 통해 새로운 생태계를 만들어 갈 것인가에 대해 많은 고민을 하고 있다.

명확한 타깃 고객 설정은 이 시장에서 매우 중요하다. 대표적인 예로 2014년 구글이 인수해 주목받고 있는 스마트 스푼 리프트웨어(Liftware)가 있다. 리프트웨어는 손떨림, 근육경직 등 신체활동이 점차 불편해지는 파킨슨병을 앓고 있는 환자들을 타깃 고객으로 제작되었다. 리프트웨어의 작동원리는 진동 감지센서를 통해 손떨림 주파수를 분석하여 떨림 보정 기능을 지원해 도구를 안정적으로 사용할 수 있도록 하는 것이다. 리프트웨어(Liftware) 덕분에 미국에서만 200만 명에 달하는 파킨슨병 환자들이 약 300달러를 투자해 자존감을 회복할 수 있게 되었다.

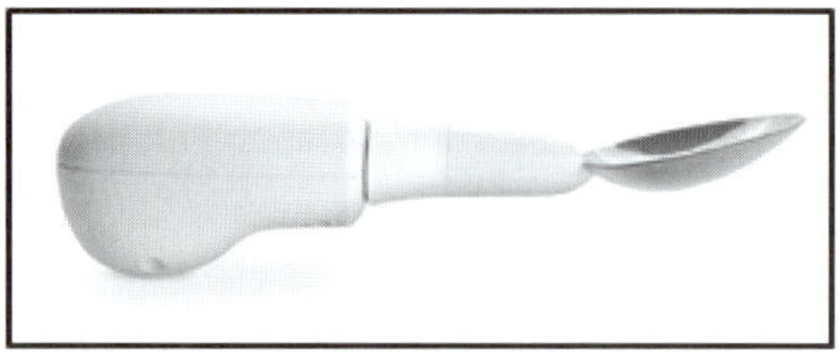
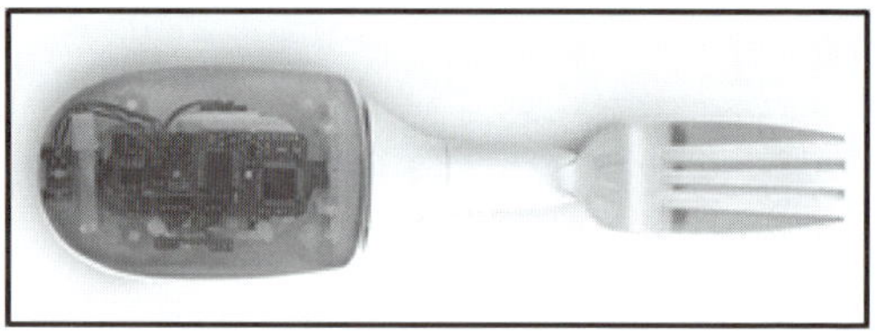

파킨슨병 환자를 위한 스마트 스푼 리프트웨어

출처: liftware.com.

웨어러블의 경우는 헬스케어를 위한 단말기로 발전하면서 스마트홈 등 다른 IoT 서비스와의 융합이 활발하게 일어나고 있다. 그 밖에도 스마트 기저귀, 스마트 머리빗, 스마트 쓰레기통, 스마트 우산, 스마트 콘돔 등 수많은 새로운 아이디어 제품들이 출시되면서 새로운 제품시장을 열어 가고 있다.

출처: fitbit.com.

(2) 산업용(Industrial) IoT

최근 IoT의 확대 측면에서 주목해야 하는 것이 Industrial IoT 분야이다. 기존 소비자 영역에서의 IoT가 제조, 에너지, 건설, 농업 등 타 산업 영역으로 확대되고 있으며 이에 따라 공장설비, 발전기, 공조기, 의료기기, 건설장비 등 산업용 기기가 인터넷으로 연결되고 이를 통해 인터넷 기반의 새로운 산업융합 생태계가 만들어지고 있다.

이러한 산업용 기기는 기존 소비자용 기기와는 크게 다른 특성을 갖는다. 웨어러블의 평균 수명이 6개월이라면 터빈의 수명은 25년이 넘는다. 스마트폰에 문제가 생기면 전화 통화가 안 되는 불편이 발생하지만 발전소가 터지면 엄청난 재앙이 된다. 데이터양 역시 산업용 기기는 소비자용 기기와 비교가 안 될 정도로 많은 데이터를 실시간으로 쏟아 낸다.

이러한 특성 때문에 산업용 기기들은 오래전부터 ICT 영역에서 활용하는 일반적인 네트워크나 제어 시스템이 아닌 독자 기술로 발전되어 이를 OT(Operational Technology)라고 한다. 산업용 네트워크인 필드버스(Fieldbus), 산업용 컨트롤러인 PLC(Programmable Logic Controller) 등이 여기에 해당된다. 하지만 최근에는 이러한 OT가 기존 IT와 기술적으로 융합되면서 Industrial IoT 분야로 급속하게 발전하고 있다.

Accenture에 따르면 Industrial IoT의 GDP 창출 규모는 2030년 약 10조 6,000억 달러, 관련 법 제정 및 제도 정비 등이 뒷받침될 경우 최대 14조 2,000억 달러에 이를 것으로 전망하였다. 이러한 배경에서 GE를 비롯하여 CISCO, IBM, Intel, SAP 등 글로벌 기업들이 이 Industrial IoT에 뛰어들었다. 특히, GE는 물리공간의 기기 또는 설비를 가상공간 상에 그대로 모사한 디지털 트윈(Digital Twin)을 만들고 이를 통해 기기나 설비의 상태를 진단, 예측, 대응할 수 있게 하는 프레딕스(Predix)라는 플랫폼을 갖게 되었으며 산업인터넷(Industrial Internet)이라는 새로운 비즈니스 영역을 만들어 가고 있다.

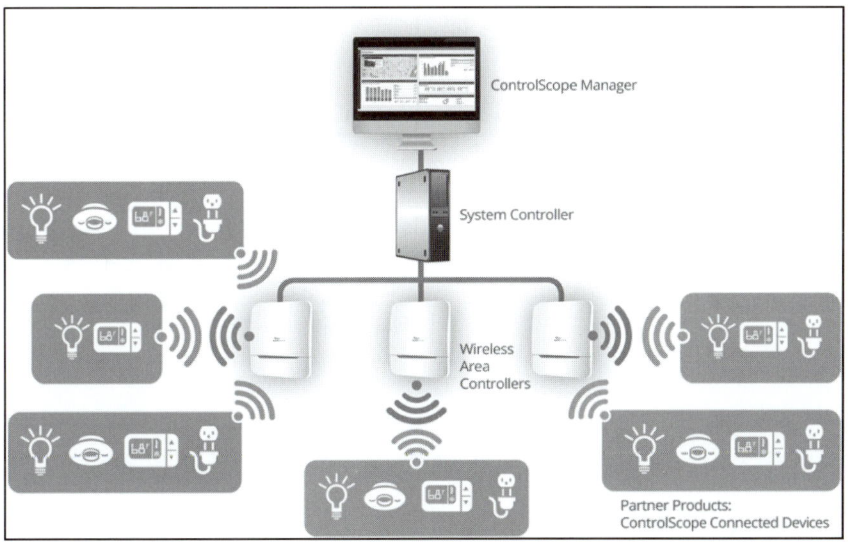

출처: GE Predix.

6. 사물인터넷의 적용 사례

(1) 장비의 센서데이터

일본의 코마츠(Komatsu) 회사의 경우 회사에서 생산된 건설기계 차량에 다양한 센서를 부착하고 센서데이터를 수집 및 관리하고 있다. 예를 들면, 굴삭기나 불도저의 동작 및 상태에 관한 모든 센서를 중앙관리센터로 보내고 있다. 이를 통해 현재 잘 작동하고 있는지 아니면 어떤 문제가 발생되는지 모니터링할 수 있다. 코마츠의 중앙관리센터에서는 세계 각국에 퍼져 있는 이 회사의 모든 장비들의 센서를 수집하고 관련 정보를 고객에게 제공해 주는 서비스를 운영하고 있다. 즉, 장비의 오류 및 연료 부족까지 실시간으로 데이터를 수집 · 분석하여 고객과 대리점에 대시보드 형태로 정보를 전송하고 있다.

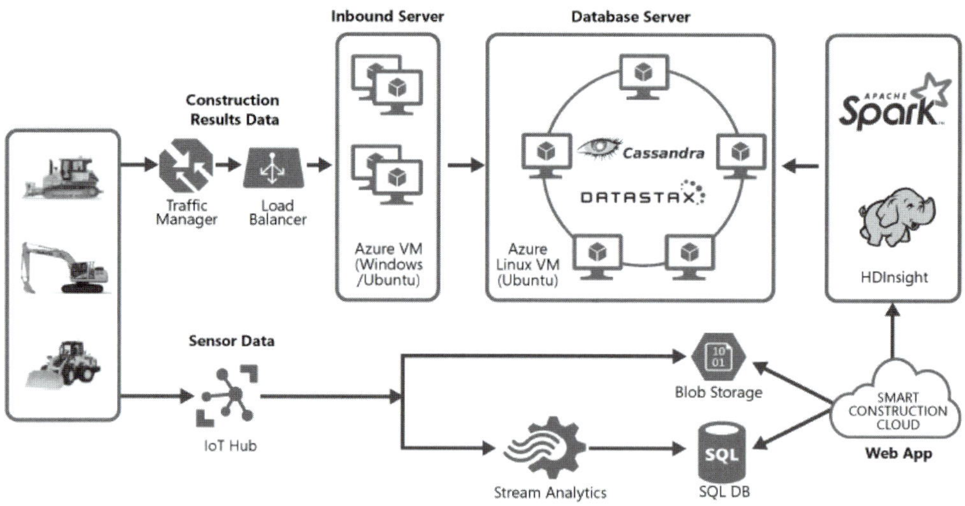

출처: Komatsu.

이 모니터링 시스템을 통해 장비가 고장 났을 때 고장 원인을 빠르게 추정하여 고객에게 정보를 제공함으로써 고객은 빠르게 장비를 수리할 수 있고 비용 및 시간을 절약하는 효과를 얻을 수 있다. 또한 위치 추적을 통해 장비 도난을 사전에 방지할 수도 있다. 따라서 고객은 안전하게 코마츠의 장비를 사용할 수 있으며, 유지보수까지 쉽게 할 수 있어서 판매량이 증가하고 있는 추세이다.

미국 조지아 애틀랜타에 위치한 맥키니(Mckenney's) 회사는 건물 자동화 및 제어 시스템 등 다양한 서비스를 제공하고 있다. 이 회사는 몇 년 전 미국 공군기지의 에너지 관리 프로젝트를 맡았으며 빌딩 내 에너지를 관리하는 시스템을 개발하였다. 먼저 빌딩 내 수만 개의 센서를 설치하고, 이를 통해 데이터를 수집·분석하여 실시간으로 모니터링할 수 있게 만들었다. 온도, 습도, 빛 등 다양한 센서데이터를 통해 비효율적으로 에너지를 사용하는 문제점을 발견하게 되었고, 해결책 또한 분석을 통해 찾아낼 수 있었다. 결국 이 시스템을 통해 전체 에너지 사용의 20% 정도를 절감하는 효과를 얻을 수 있었다.

(2) 병원에서의 사물인터넷 사례

미국의 경우 블루투스 청진기 및 병원 내 자율 주행카드 등 병원에서도 사물인터넷 기술을 활발히 적용하고 있다. 위치기반 서비스를 통해 환자의 동선을 확인할 수 있으며 환자의 용무에 따라 걸리는 시간도 파악할 수 있다. 이런 데이터를 분석하여 환자에 따라 동선을 다르게 제공할 수 있으며 예약시스템에도 반영하여 평균 대기환자의 수와 대기시간이 감소하는 효과를 얻을 수 있다.

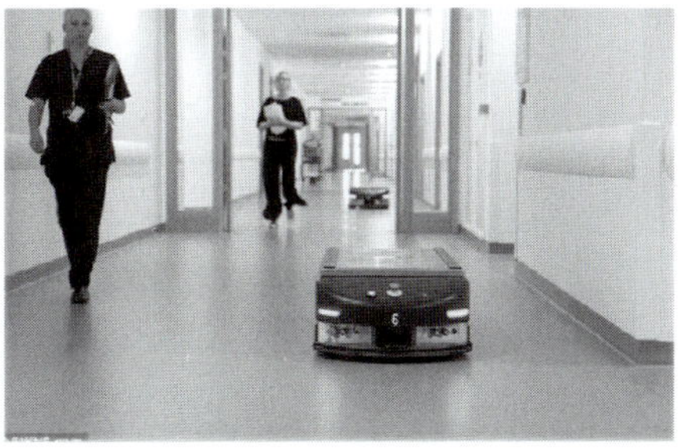

출처: 구글.

또한 수액 봉지에 센서를 부착하고 수액 모니터링 시스템을 통해 각 환자의 투액 상태를 확인할 수 있다. 간호사는 직접 병실을 가지 않아도 남은 수액량을 알 수 있으며, 언제 병실에 가야 하는지 시스템에서 확인할 수 있다. 이로 인해 간호사는 효율적으로 자기의 시간관리를 할 수 있고 시간절약뿐 아니라 친절도도 자연스럽게 높아지는 효과를 얻을 수 있다. 이와 비슷하게 소변량 모니터링 및 낙상, 욕창 방지 시스템 등을 통해서도 환자관리 및 업무를 효율적으로 할 수 있게 되었다.

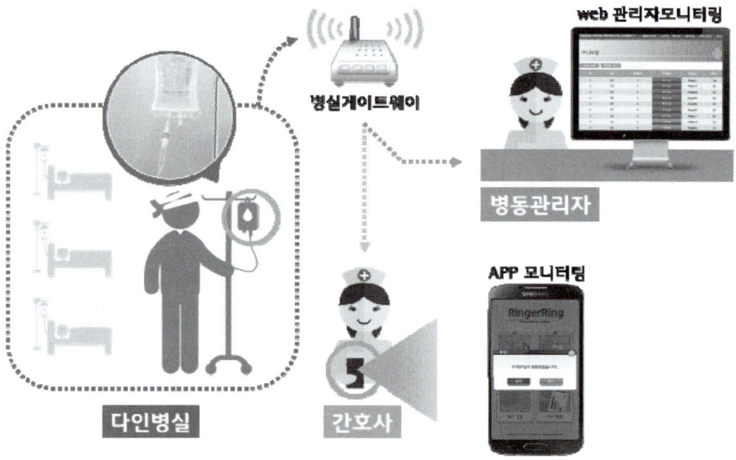

출처: NSC(국가표준코디네이터).

격리된 환자의 모니터링에도 사물인터넷은 활용도가 높다. IP 카메라를 이용하여 환자를 모니터링하기 위해 자동으로 조명이 on/off되고, 혈압이나 맥박 등 환자의 상태를 실시간으로 그래프로 제공할 수 있다. 병실 상태 또한 중앙서버에 보내서 의사나 간호사가 병원 밖에서도 실시간으로 모니터링할 수 있게 되었다. 이것은 더 나아가 홈케어 서비스에도 곧 적용이 될 것이다.

(3) 스마트홈

외출 시에는 자동으로 집안 청소를 하고, 퇴근 전 보일러가 자동으로 켜지고, 주차한 자동차 위치를 파악하여 엘리베이터를 자동으로 불러 주는 서비스는 이미 주위에서 쉽게 볼 수 있다. 더 나아가 아침 알람 시간에 맞춰 불이 켜지거나 블라인드가 올라가고, 화장실에 가면 혈압, 체중, 수면, 스트레스 등 개인의 건강상태를 보여주고, 주방에 가면 자동으로 커피머신이 켜지거나 오늘 섭취해야 할 영양소 및 음식까지 제안하는 시대가 곧 올 것이다. 이렇듯 스마트홈은 현재 급속하게 진보하고 있다.

해외의 경우 애플이 본격적으로 스마트홈 서비스를 시작하였으며, AT&T 및 컴케스트(Comcast)도 이미 스마트홈 기술을 도입하고 있다. 2016년 애플은 스마트홈 플랫폼인 홈킷(Homekit)을 출시하였는데, 이는 아이폰이나 아이패드를 통해 잠금장치, 조명, 카메라, 온도 조절, 전원 등을 제어할 수 있는 시스템이다.

국내 사례는 이미 광고를 통해 많이 접했을 것이다. SK텔레콤의 경우 가정 내 홈기기(냉장고, 청소기, 세탁기 등)를 원격제어하여 편리하게 원하는 시간에 작동할 수 있다. 또한 도어록 및 가스제어를 할 수 있어 집에 사람이 없어도 안전하게 관리할 수 있다. LG의 경우 '스마트싱큐(SmartThinQ)' 센서를 활용해 사물인터넷 오픈 플랫폼 '올조인(AllJoyn)'을 스마트홈에 적용하고 있다. 이는 일반 가전제품에 센서를 부착하여 외부에서 가전제품의 작동상태를 확인할 수 있으며, 원격제어도 할 수 있는 장치이다.

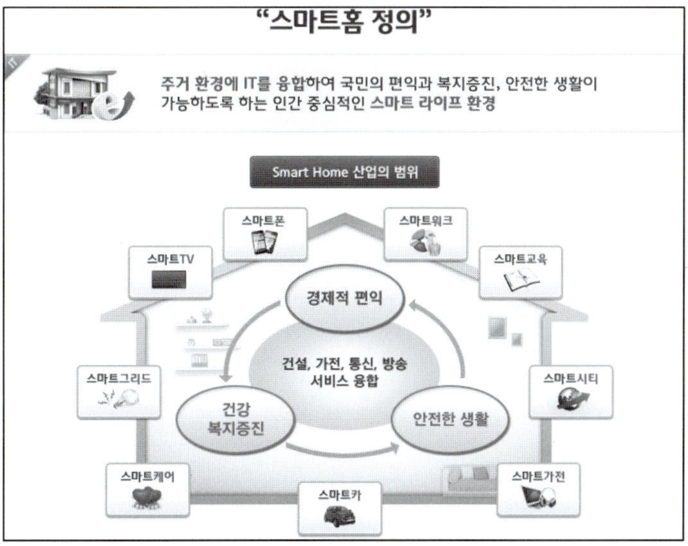

출처: 한국스마트홈산업협회.

이렇듯 스마트홈에서 쌓일 수 있는 데이터는 급속도로 증가하는 추세이다. 현재는 단순 기기들의 연결에 집중하고 있고 데이터의 활용은 아직 미비한 상태이지만 점차 고객의 니즈를 파악하고 쌓인 데이터로부터 새로운 비즈니스 모델을 발굴해야 한다. 이를 위해서는 빅데이터 기술이 필요하며 분석을 통해 개인 맞춤형 서비스를 제공한다면 스마트홈의 활용도는 더욱 높아질 것이다.

note

7. 사물인터넷의 문제점

(1) 해킹(hacking)

사물인터넷(IoT)의 시장이 발전하면서 여러 문제점도 드러나고 있다. 그중 가장 먼저 해결해야 할 문제는 보안 문제, 즉 해킹(Hacking)이다. 해킹은 정상적이지 않은 방법을 이용해 사용자가 아닌 제3자가 권한을 가져가는 것을 의미한다. 기존 해킹이 서버나 PC를 대상으로 이루어졌다면, 최근에는 주 공격대상이 스마트폰, IoT로 변하고 있다. 아이폰의 경우 탈옥, 안드로이드 스마트폰의 경우는 루팅 방식으로 해킹이 이루어지고 있으나, 상대적으로 다양한 보안방식을 이용하여 관리자 계정을 보호하고 있다. 이에 반해 IoT 제품은 스마트폰에 비해 보안 문제가 매우 취약하다. 그 이유는 주로 웨어러블 기기를 중심으로 구성된 제품이 크기, 배터리, 무게, 디자인 등을 고려해 소형화되므로 하드웨어 성능이 떨어지기 때문이다. 대표적인 예로 이탈리아 자동차 회사 피아트 크라이슬러는 보안 전문가들이 지프 체로키 차량을 해킹해 차량을 마음대로 조작할 수 있음을 보여 주자 약 140만 대 차량을 리콜하였다. 또한 미국에서는 약 10만 개 가전제품이 대량의 스팸메일 살포에 이용되기도 하였다. 따라서 IoT가 발전하기 위해선 보안문제가 개선되어야 할 것이다.

(2) 표준화

다음 문제는 표준기준 수립을 통해 통합 플랫폼을 구축해야 하는 것이다. 현재 IoT 시장은 통신규격 등 기준 확립이 명확하지 않아 기업들이 각기 다른 기준을 사용하고 있다. 그에 따라 기업의 비용은 규모의 경제가 이루어지지 않아 시장이 발전할수록 증가하고 있는 상황이다. 또한 사업자 간 호환이 떨어져 IoT 제품이 늘어날수록 애플리케이션을 추가적으로 설치해야 하는 불편함이 존재한다. 만약 표준기준 설립을 통해 통합 플랫폼을 구축한다면, 사용자 정보를 확보할 수 있는 채널이 늘어나 고객에게 적합하고 경쟁사와 차별화된 IoT 서비스를 제공할 수 있는 가능성이 높아질 것이다. 이 네트워크 효과(Network effect)로 IoT 서비스 이용의 확산, 신규고객 유치 등 긍정적인 결과를 가져올 수 있을 것이다.

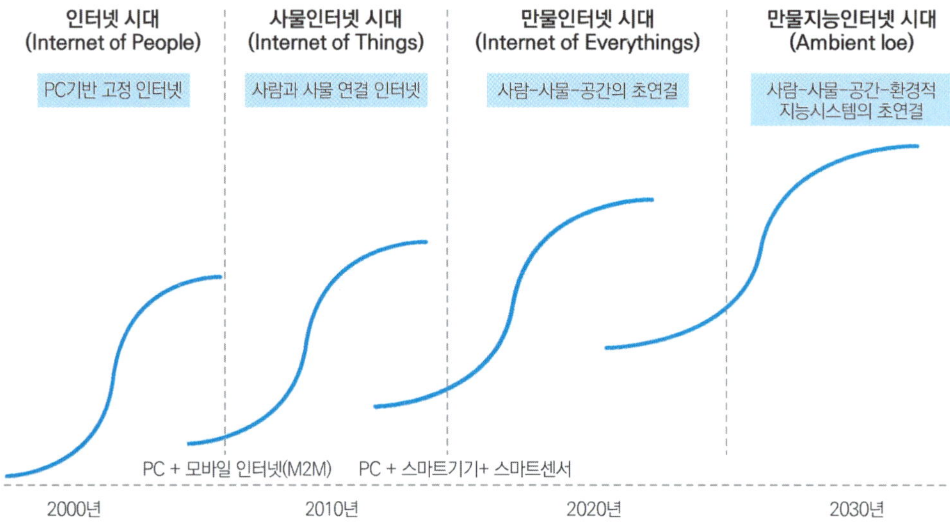

출처: 만물인터넷과 미래상(미래기술연구소).

note

8. 사물인터넷의 미래

IT기술이 빠르게 발전하면서 컴퓨팅, 모바일 시대를 넘어 모든 사물이 하나로 연결되는 '초연결 사회'로 변화하고 있다. 그 중심에는 인간, 사물, 서비스를 연결하는 것을 목표로 하는 사물인터넷(IoT)이 자리 잡고 있다. 발전하기 위해 아직 해결해야 할 문제들이 많지만, IoT가 미래 산업을 이끌어 갈 핵심이 될 것은 분명해 보인다.

이를 위해서는 무엇보다 제품의 명확한 타깃 고객을 설정하고, 제품 성능을 향상시키는 노력이 필요하다. 또한 해킹과 같은 보안 문제, 표준기준 수립을 통한 통합 플랫폼 구축 등을 해결한다면 IoT 시장은 더욱 빠르게 성장할 수 있을 것이다. 이를 통해 최종적으로 IoT를 넘어 클라우드, 빅데이터 등 다른 기술적 혁신을 포함하는 만물인터넷(Internet of Everything, IoE) 시대로 나아갈 수 있기를 기대한다.

note

Chapter 06

빅데이터 혁명

06 Chapter

빅데이터 혁명

"빅데이터란 무엇인가?"

인간은 매일 먹고 일하고 놀고 데이터를 생산한다. IBM에 따르면 인류가 하루에 생산하는 데이터의 양은 무려 250경 바이트에 이른다. DVD를 쌓는다면 달까지 왕복할 만큼의 데이터다. 이 데이터에는 우리가 전송하는 텍스트와 업로드하는 사진부터 산업용 센서 측정 데이터와 머신 간 통신 등 온갖 것이 포함된다.

그러나 빅데이터의 의미는 그보다 훨씬 더 넓어서 다음과 같은 요소를 포괄한다.

- 많은 경우 여러 소스에서 방대한 양의 데이터를 수집
- 단순히 양만 많은 것이 아니라 그 종류도 다양함
- 동일한 데이터 풀을 다양한 목적으로 지속적으로 분석할 수 있도록 이 데이터를 분석
- 이 모든 작업을 신속하게, 때에 따라서는 실시간으로 수행

빅데이터(big data)란 디지털 환경에서 생성되는 데이터로 그 규모가 방대(수십 테라바이트)하고, 생성 주기도 짧으며, 형태도 수치 데이터뿐 아니라 문자와 영상 데이터를 포함하는 대규모 데이터를 말한다. 빅데이터 환경은 과거에 비해 데이터의 양이 폭증했다는 점과 함께 데이터의 종류도 다양해져 사람들의 행동은 물론 위치정보와 SNS를 통해 생각과 의견까지 분석하고 예측할 수 있다.

1. 빅데이터의 등장과 기술 혁신

초창기에는 세 가지를 나타내는 VVV라는 약어를 사용했다. 각 V는 볼륨(Volume, 방대한 양), 다양성(Variety, 다양한 종류의 데이터와 시간 경과에 따라 데이터가 바뀐다는 사실), 그리고 속도(Velocity)를 나타낸다. 여기에 IBM은 정확성(Veracity)이라는 요소를 더해 4V를 정의하였고, 브라이언 홉킨스(Brian Hopkins) 등은 가변성(Variability)을 추가하여 4V를 정의하였으며 GE는 가치(Value)를 포함해 4V라 하였다.

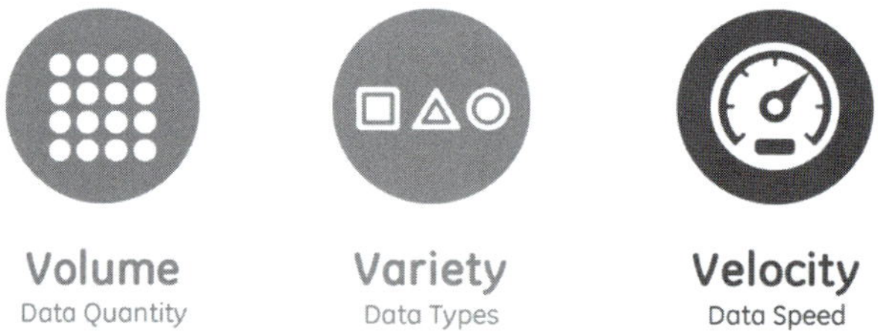

출처: GE.

(1) 빅데이터 분석기술과 방법

기존의 통계학과 전산학에서 사용되던 데이터 마이닝(mining), 기계 학습, 자연 언어 처리, 패턴 인식 등이 해당한다. 소셜 미디어 등 비정형 데이터의 증가로 인해 분석기법 중에서 텍스트 마이닝, 오피니언 마이닝, 소셜 네트워크 분석, 군집 분석 등이 주목받고 있다.

- **텍스트 마이닝**: 비/반정형 텍스트 데이터에서 자연 언어 처리기술에 기반을 두어 유용한 정보를 추출, 가공
- **오피니언 마이닝**: 소셜 미디어 등의 정형/비정형 텍스트의 긍정, 부정, 중립의 선호도를 판별
- **소셜 네트워크 분석**: 소셜 네트워크의 연결 구조 및 강도 등을 바탕으로 사

용자의 명성 및 영향력을 측정

- **군집 분석:** 비슷한 특성을 가진 개체를 합쳐 가면서 최종적으로 유사 특성의 군집을 발굴

대규모의 정형/비정형 데이터를 처리하는 데 있어 가장 기본적인 분산 파일 시스템(하둡), 이질적 데이터의 의미를 실시간으로 파악하기 위한 방법(처음에는 구글의 맵리듀스, 최근에는 아파치 스파크), 그리고 필요에 따른 데이터 접근과 이동을 위한 클라우드/인터넷 인프라 개발 등이 여기에 포함된다.

(2) 빅데이터 분석과정

빅데이터는 데이터 자체가 목적이라기보다는 데이터를 잘 수집하여 저장하고, 잘 분석하여 활용하는 것이 목표다. 빅데이터를 도입하여 활용하기까지는 다음과 같은 분석과정을 거치게 된다.

- **데이터:** 데이터가 어디 있는가? 데이터 소스를 인식하는 단계
- **수집:** 데이터를 모으는 행위
- **저장:** 데이터를 어딘가에 저장
- **처리:** 분석 가능한 상태로 처리
- **분석:** 데이터 안의 정보 및 지식을 추출
- **표현:** 분석 결과를 활용하여, 의사결정 혹은 다양한 분야에 활용

1) 데이터의 인식 단계

분석을 전제로 가용한 데이터를 확인하는 단계이다.

- **내부 데이터:** 해당 조직이 자체적으로 보유한 각종 데이터
  예) 현재 및 과거의 매출정보, 고객정보, 제품정보 등
- **외부 데이터:** 인터넷 등으로 연결되어 조직 외부에 존재하는 각종 비정형 데이터
  예) 소셜 미디어 데이터 등

2) 데이터의 수집 단계

조직 내부와 외부의 여러 데이터 소스로부터, 필요로 하는 데이터를 검색하여 수동 또는 자동으로 수집하는 단계

3) 데이터의 저장 단계

대용량의 정형 · 비정형 데이터를 저장 · 관리하여 데이터 분석 및 활용을 지원하는 단계

4) 데이터의 처리 단계

엄청난 데이터 양과 데이터 생성 속도, 다양한 형태의 데이터를 통합적으로 다루는 기술

- 일괄처리: 쌓인 데이터를 여러 서버로 분산해 나누어 처리하고 이를 다시 모아 결과를 정리
- 실시간 처리: 데이터가 들어오는 대로 일련의 처리 업무들을 수행하여 그 결과를 연속적으로 제공

5) 데이터의 분석 단계

가장 중요, 빅데이터는 저장이 아닌 분석에 그 목적이 있다. 대량의 데이터로부터 사실, 추세, 관계, 패턴 등 알려지지 않은 정보, 또는 지식을 찾아내는 과정이다.

6) 데이터의 표현 단계

분석만큼이나 중요하다. 데이터 분석 결과를 쉽게 이해할 수 있도록 시각적인 수단으로 정보를 전달하는 과정이다.

2. 생활 속의 빅데이터

(1) 수동적 빅데이터

PC와 인터넷, 모바일 기기 이용이 생활화되면서 사람들이 도처에 남긴 흔적(데이터)이 기하급수적으로 증가하고 있다. 쇼핑의 예를 들어 보자. 데이터의 관점에서 보면 과거에는 상점에서 물건을 살 때만 데이터가 기록되었다. 반면, 인터넷쇼핑몰의 경우에는 구매를 하지 않더라도 방문자가 돌아다닌 기록이 자동적으로 데이터로 저장된다. 어떤 상품에 관심이 있는지, 얼마 동안 쇼핑몰에 머물렀는지를 알 수 있다. 쇼핑뿐 아니라 은행, 증권과 같은 금융거래, 교육과 학습, 여가활동, 자료 검색과 이메일 등 하루 대부분의 시간을 PC와 인터넷에 할애한다. 사람과 기계, 기계와 기계가 서로 정보를 주고받는 사물지능통신(Machine to Machine, M2M)의 확산도 디지털 정보가 폭발적으로 증가하게 되는 이유다.

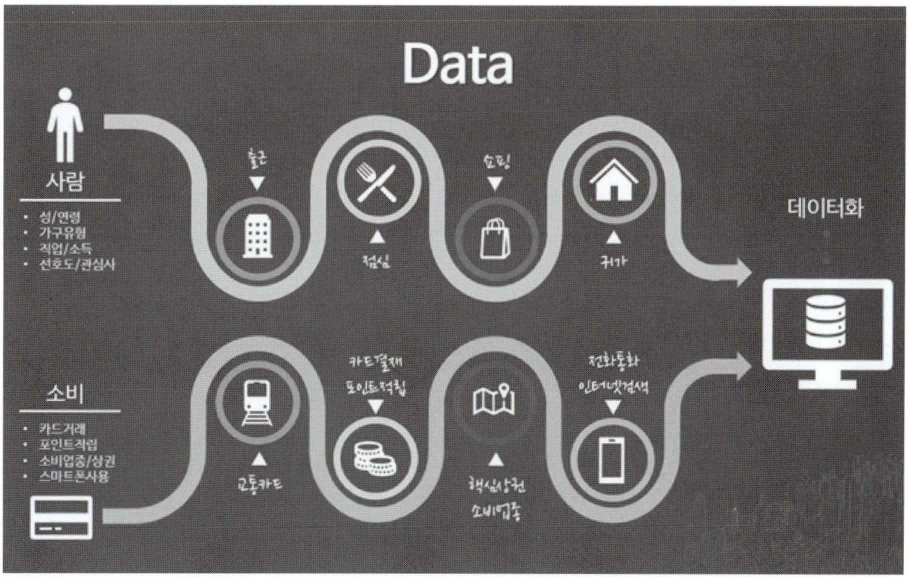

출처: 구글.

(2) 능동적 빅데이터

사용자가 직접 제작하는 UCC를 비롯한 동영상 콘텐츠, 휴대전화와 SNS(Social Network Service)에서 생성되는 문자 등은 데이터의 증가속도뿐 아니라, 형태와 질에서도 기존과는 다른 양상을 보이고 있다. 특히, 블로그나 SNS에서 유통되는 텍스트 정보는 내용을 통해 글을 쓴 사람의 성향뿐 아니라, 소통하는 상대방의 연결 관계까지도 분석이 가능하다. 게다가 사진이나 동영상 콘텐츠를 PC를 통해 이용하는 것은 이미 일반화되었고 방송 프로그램도 TV수상기를 통하지 않고 PC나 스마트폰으로 보는 세상이다.

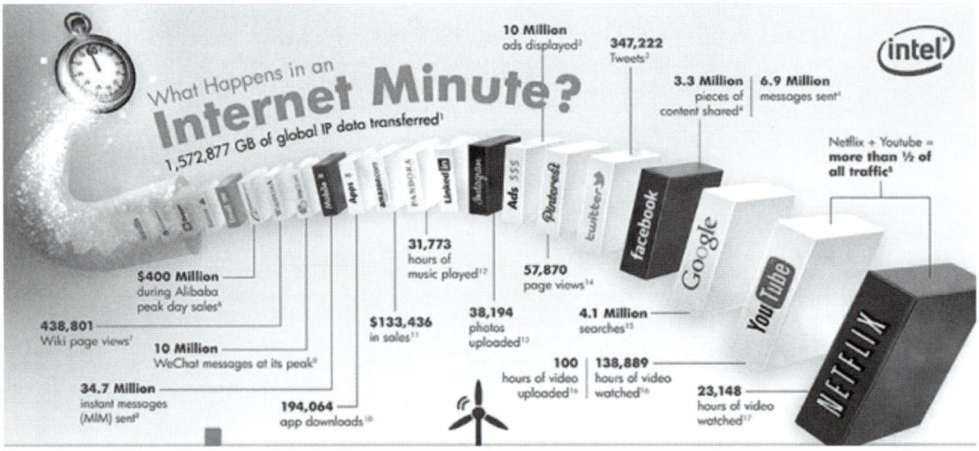

출처: 인텔(2013).

트위터(twitter)에서만 초당 평균 9만 8,000건이 생겨나고, 문자는 1,100만 개, 이메일은 1억 6,800만 개가 보내진다.

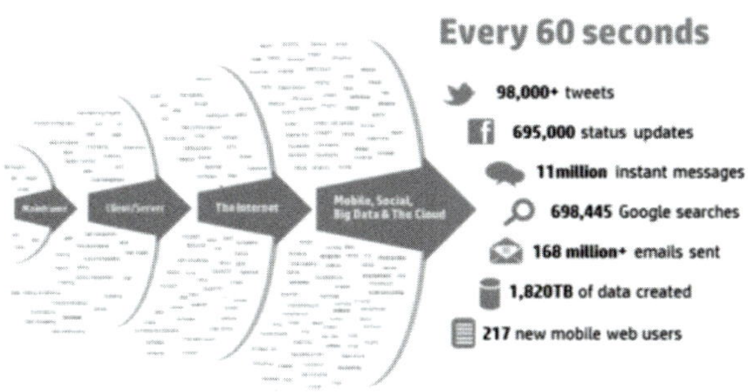

출처: 구글.

주요 도로와 공공건물은 물론 심지어 아파트 엘리베이터 안에까지 설치된 CCTV가 촬영하고 있는 영상 정보의 양도 상상을 초월할 정도다. 그야말로 일상생활의 행동 하나하나가 빠짐없이 데이터로 저장되고 있는 셈이다.

민간 분야뿐 아니라 공공 분야도 데이터를 양산 중이다. 센서스(Census)를 비롯한 다양한 사회 조사, 국세자료, 의료보험, 연금 등의 분야에서 데이터가 생산되고 있다. 스마트워크의 본격화도 데이터 증가를 가속화할 전망이다(방송통신위원회, 2011).

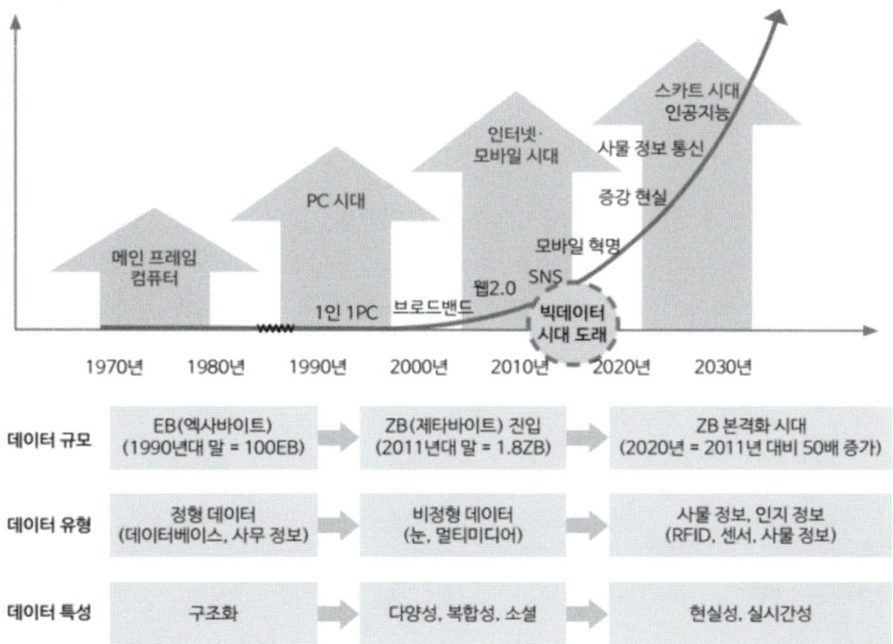

출처: 한국산업은행.

데이터의 규모가 중요하다는 것을 확인시킨 사례로는 구글의 자동번역 시스템이 있다. 구글은 수천만 권의 도서 정보와 유엔과 유럽의회, 웹사이트의 자료를 활용해 64개 언어 간 자동번역 시스템 개발에 성공했다. IBM도 캐나다 의회의 문서를 활용해 영어·불어 자동번역 시스템 개발을 시도했으나 실패한 경험이 있다. 이는 기술의 차이보다는 사용 데이터의 규모 차이에 의한 결과로 평가한다.

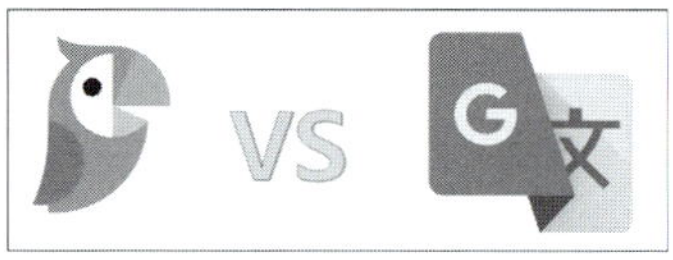

note

3. 빅데이터의 사례

기업의 빅데이터 활용은 고객의 행동을 미리 예측하고 대처방안을 마련해 기업경쟁력을 강화시키며, 생산성 향상과 비즈니스 혁신을 가능하게 한다(McKinsey, 2011).

오늘날의 데이터는 자산, 자본, 돈이라고 말한다. 어떤이는 경쟁력을 좌우할 21세기 원유라고도 한다. 원유는 정제 과정을 거쳐 석유나 휘발유가 되기도 하지만 플라스틱, 의약품 원료, 섬유류로도 재탄생된다. 이처럼 데이터는 여러 분석 과정을 거치면서 전혀 의도하지 않았던 정보도 만들어 주기에 원유에 비유된다.

(1) 기업 등 상업적 활용

1) 아마존닷컴의 추천 상품 표시/구글 및 넷플릭스의 맞춤형 광고

아마존닷컴은 모든 고객들의 구매 내역을 데이터베이스에 기록하고, 이 기록을 분석해 소비자의 소비 취향과 관심사를 파악한다. 이런 빅데이터의 활용을 통해 아마존은 고객별로 '추천 상품(레코멘데이션)'을 표시한다. 고객 개개인의 취미나 독서경향을 찾아 그와 일치한다고 생각되는 상품을 메일이나 홈페이지상에서 중점적으로 각 고객에게 자동적으로 제시하는 것이다. 아마존닷컴의 추천 상품 표시와 같은 방식으로 구글 및 페이스북도 이용자의 검색 조건, 나아가 사진과 동영상 같은 비정형 데이터 사용을 즉각 처리하여 이용자에게 맞춤형 광고를 제공하는 등 빅데이터의 활용을 증대시키고 있다. Netflix 및 Procter & Gamble 같은 회사들은 빅데이터를 사용하여 고객 수요를 예측한다. 그리고 과거 및 현재의 제품/서비스의 주요 속성을 분류하고 이러한 속성과 옵션의 상업적 성공 간의 관계를 모델링하여 새로운 제품 및 서비스에 대한 예측 모델을 구축하고 있다.

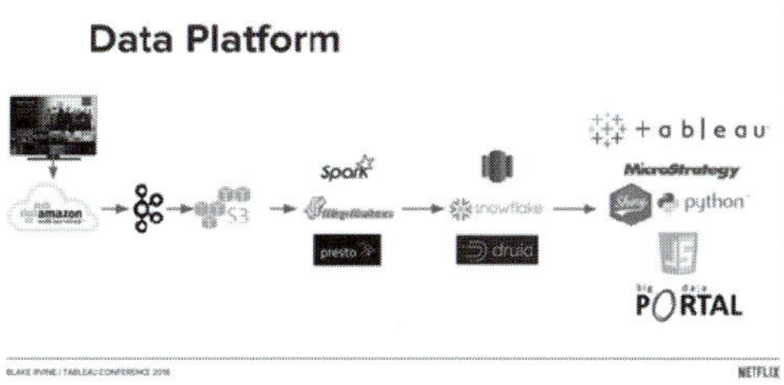

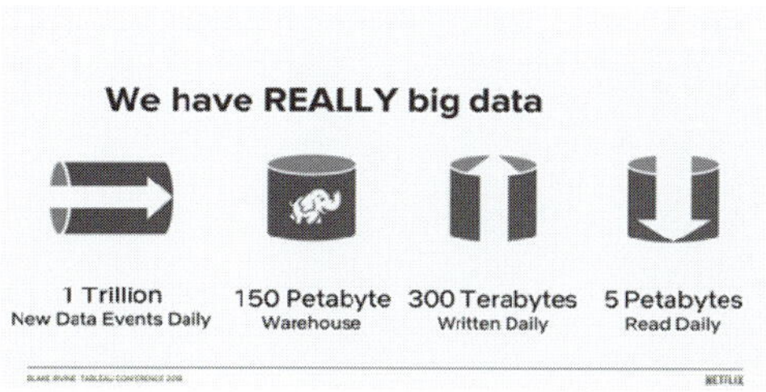

2) 2014년 FIFA 월드컵 독일 우승의 비밀병기 '빅데이터'

2014년 브라질에서 개최된 FIFA 월드컵에서 독일은 준결승에서 개최국인 브라질을 7:1로 꺾고, 결승에서 아르헨티나와 연장전까지 가는 접전 끝에 1:0으로 승리를 거두었다. 무패행진으로 우승을 차지한 독일 국가대표팀의 우승 배경에는 '빅데이터'가 있었다.

독일 국가대표팀은 SAP와 협업하여 훈련과 실전 경기에 'SAP 매치 인사이트'를 도입했다. SAP 매치 인사이트란 선수들에게 부착된 센서를 통해 운동량, 순간속도, 심박 수, 슈팅동작 등 방대한 비정형 데이터를 수집, 분석한 결과를 감독과 코치의 태블릿 PC로 전송하여 그들이 데이터를 기반으로 전술을 짜도록 도와주는 솔루션이다. 감독의 경험이나 주관적 판단으로 결정되는 기존의 전략과는 달리, SAP 매치 인사이트를 통해 이루어지는 분석은 선수들에 대한 분석뿐만 아니라 상대팀의 전력, 강점, 약점 등 종합적인 분석을 근거로 좀 더 과학적인 전략을 수립할 수 있다. 정보 수집에 쓰이는 센서 1개가 1분에 만들어 내는 데이터는 총 1만 2,000여 개로 독일 국가대표팀은 선수당 4개(골키퍼는 양 손목을 포함해 6개)의 센서를 부착했고, 90분 경기 동안 한 선수당 약 432만 개, 팀 전체로 보면 약 4,968만 개의 데이터를 수집했다고 한다.

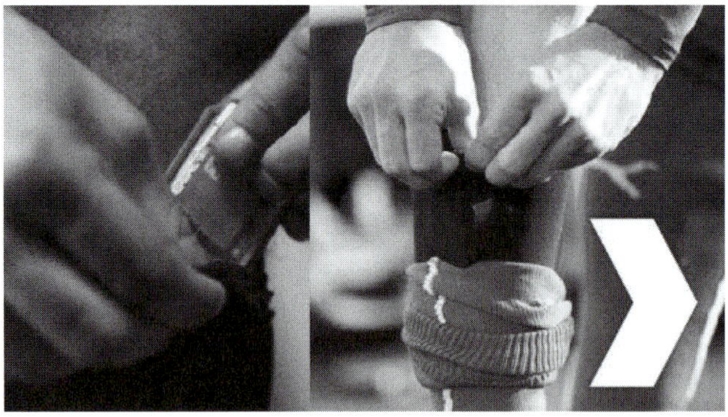

출처: 센서를 착용하는 독일선수들과 빅데이터를 이용한 분석화면(SAP).

(2) 공공 부문의 활용

1) 2008년 이후 미국 대통령 선거

2008년 미국 대통령 선거에서 버락 오바마 미국 대통령 후보는 다양한 형태의 유권자 데이터베이스를 확보하고 이를 분석 · 활용한 '유권자 맞춤형 선거 전략'을 전개했다. 당시 오바마 캠프는 인종, 종교, 나이, 가구 형태, 소비 수준과 같은 기본 인적 사항으로 유권자를 분류하는 것을 넘어서서 과거 투표 여부, 구독하는 잡지, 마시는 음료 등 유권자의 개인적 성향까지 전화나 개별 방문, 소셜 미디어를 통해 정보를 수집하였다. 수집된 데이터는 오바마 캠프 본부로 전송되어 유권자 데이터베이스를 온라인으로 통합 관리하는 '보트빌더(VoteBuilder.com)' 시스템의 도움으로 유권자 성향 분석, 미결정 유권자 선별, 유권자에 대한 예측을 하는 데 사용되었다. 그리고 이러한 데이터를 바탕으로 '유권자 지도'를 작성한 뒤 '유권자 맞춤형 선거 전략'을 전개함으로써 오바마 캠프는 비용 대비 효과적인 선거를 치를 수 있었다.

"여론조사는 틀렸고 인공지능(AI)이 맞혔다"

2013년 미국 대통령 선거에서 힐러리 클린턴 민주당 후보의 우세를 예측한 현지 언론사(ABC, CBS, FOX뉴스)들의 여론조사가 일제히 빗나갔다. 그러나 AI는 일찌감치 도널드 트럼프 대통령 당선자(공화당)의 압도적인 승리를 예상했다. 지난 6월 브렉시트(영국의 유럽연합 탈퇴) 국민투표에서도 비슷한 현상이 나타났다. 전문가들은 현행 여론조사가 표본오차나 휴먼에러(사람의 본질적인 특성에 따른 오류) 등으로 한계가 적지 않은데다 AI와 빅데이터 분석은 쌓일수록 정확도가 높아지는 만큼 앞으로도 이 같은 추세가 계속될 것으로 내다봤다.

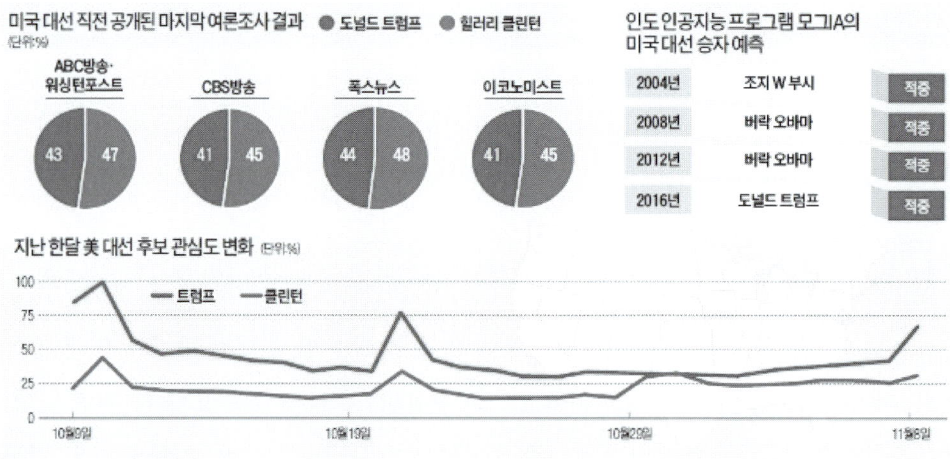

출처: 한국일보.

2) 대한민국 제19대 총선

중앙선거관리위원회는 대한민국 제19대 총선부터 소셜 네트워크 등 인터넷상의 선거운동을 상시 허용하였다. 이에 소셜 미디어상에서 선거 관련 데이터는 증폭되었으며, 2010년 대한민국 제5회 지방선거 및 2011년 대한민국 재보궐선거에서 소셜 네트워크 서비스의 중요성을 확인한 정당들 또한 SNS 역량 지수를 공천 심사에 반영하는 등, 소셜 네트워크 활용에 주목했다. 이 가운데 여론조사기관들은 기존 여론조사방식으로 예측한 2010년 제5회 지방선거 및 2011년 재보궐선거의 여론조사 결과와 실제 투표 결과와의 큰 차이를 보완하고자 빅데이터 기술을 활용한 SNS 여론

분석을 시행했다. 그러나 SNS 이용자의 대다수가 수도권 20~30대에 쏠려 있기에 빅데이터를 이용한 대한민국 제19대 총선에 대한 SNS 분석은 수도권으로 한정되어 일치하는 한계를 드러내기도 하였다.

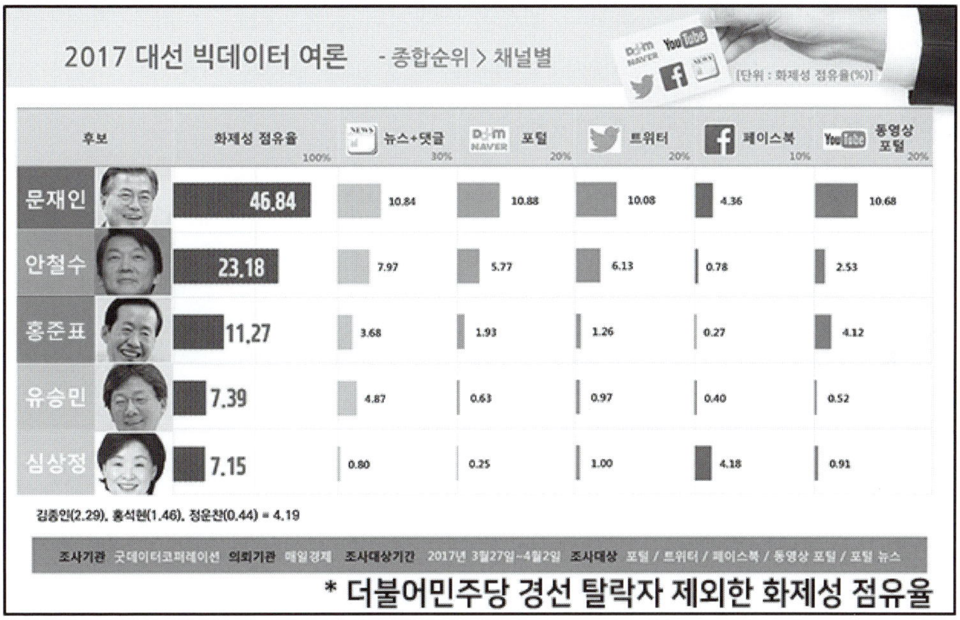

출처: 레이더P.

3) 보건의료

국민건강보험공단은 가입자의 자격 · 보험료, 진료 · 투약 내용, 건강검진 결과 및 생활습관 정보 등 2조 1,000억 건, 92테라바이트의 빅데이터를 보유하고 있고, 건강보험심사평가원은 진료 내역, 투약 내용(의약품 안심서비스), 의약품 유통 등의 2조 2,000억 건, 89테라바이트의 빅데이터를 보유하고 있으며, 경제협력개발기구(OECD)는 한국의 건강보험 빅데이터 순위가 2위라고 발표했었다. 국민건강보험공단과 건강보험심사평가원은 빅데이터를 민간에 널리 알리고 더 많이 개방하고 있다.

빅데이터를 활용하면 미국 의료부문은 연간 3,300억 달러(미 정부 의료 예산의 약 8%에 해당하는 규모)의 직간접적인 비용 절감 효과를 보일 것으로 전망된다. 특히, 임상 분야에서는 의료기관별 진료방법, 효능, 비용 데이터를 분석하여 보다 효과적인 진료방법을 파악하고 환자 데이터를 온라인 플랫폼화하여 의료협회 간 데이터 공유로 치료 효과를 제고하며 공중보건 영역에선 전국의 의료 데이터를 연계하여 전염병 발생과 같은 긴박한 순간에 빠른 의사결정을 가능하게 할 전망이다.

한편, 의료 분야에서 빅데이터가 효과를 발휘하기 위해서는 대량의 의료정보 수집이 필수적이기 때문에, 개인정보의 보호와 빅데이터 활용이라는 두 가지 가치가 상충하게 된다. 따라서 의료 분야에서 빅데이터의 활용과 보급을 위해서는 이러한 문제에 대한 가이드라인 마련이 필요하다.

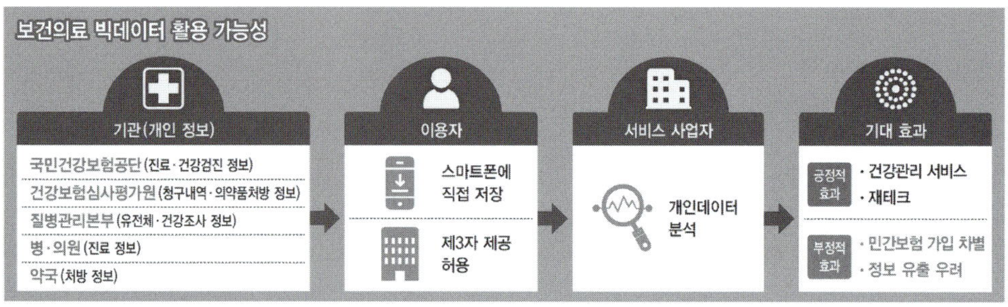

출처: 국민건강보험공단.

note

4. 빅데이터의 미래

(1) 빅데이터가 필요한 이유

데이터는 사용자의 수많은 경험이나 정보, 어떤 것을 원하고, 어떻게 이용하는지에 대한 정보가 모두 담겨 있다. 데이터 속에서 지식과 정보를 뽑아내서 주된 고객층의 흐름을 파악하여 거기에 맞는 상품을 제공하는 것이 고객과 기업 모두의 이익이 되기 때문에 빅데이터 활용은 이제 기업 입장에서는 선택이 아닌 필수조건이 되는 것이다. 현재 동일 업종의 기업 내에서 빅데이터를 이용하는 기업과 하지 않는 기업은 실제로 큰 차이를 보이고 있다.

우리는 컴퓨터, 스마트폰, 기계 센서 등을 통해 일상적으로 엄청난 양의 데이터를 뿜어내며 생활하고 있다. 기업은 이 엄청난 양의 데이터로부터 유용한 것을 얻어내기 위해 일상적인 통계를 뛰어넘어 복잡한 패턴을 발견하고, 더 나은 예측을 도출하며, 최적의 결정을 내리는 데 사용한다.

(2) 빅데이터의 미래 세계로의 여정

빅데이터의 소스는 가정에서 사용하는 토스터기에서부터 공장의 각 기계들의 센서들까지 거의 모든 데이터가 빅데이터이다.

첫 번째, 기계 데이터는 사물 인터넷(IoT) 센서를 통해 공장에서 사용하는 기계의 디지털 데이터를 송수신하며 빅데이터를 구축하고, 기업들은 기계 장치의 IoT 센서를 이용해 현장의 장치, 차량 등에서 기계 데이터를 전사적으로 수집하고 처리한다. 날씨부터 교통, 재난 안전, 보안 감시에 이르기까지 데이터를 생성하는 '사물 인터넷'의 수는 전 세계적으로 빠르게 증가하고 있으며, IDC의 보고서에서는 2025년까지 지구상에는 557억 개 이상의 IoT 장치(또는 "사물 인터넷")가 있을 것이고, 이들이 전 세계 디지털 데이터의 절반 가까이를 생성하게 될 것이라고 예측하고 있다.

두 번째, 상업용 거래 데이터는 세계에서 가장 빠르게 움직이며 증가하는 데이터이다. 쿠팡이나 마켓컬리, KT 알파와 같은 온라인 대형 소매업체는 시간당 백만 건 이상의 고객 거래를 처리하며, 만일 전 세계의 모든 구매 및 금융 거래를 합친다면, 그 양은 어마어마하게 된다. 거래 데이터는 상품 이미지, 고객 피드백이나 서평과 같은 댓글 등의 반정형 데이터 형식으로 점점 복잡해지고 있어, 빅데이터 처리와 관리 또한 복잡해지고 있다.

세 번째, 소셜 데이터이다. 소셜 데이터는 우리가 소셜 미디어에 댓글을 남기고, 게시물을 올리고, 이미지를 공유하고, 동영상을 시청하며 생성하는 데이터이다.

네 번째, 빅데이터는 인공위성을 이용한 지도 데이터나 드론으로 찍은 사진과 동영상, 위치 통신 데이터 등으로 확장해 나가고 있다. 드론 산업의 메카로 떠오르고 있는 고흥 드론 센터에 KT가 국내 최초로 기체 종류나 통신망과 상관없이 모든 드론을 통합 관제할 수 있는 시스템을 2024년까지 구축할 예정이다.

(3) 빅데이터가 인공지능과 함께하는 새로운 시대

빅데이터와 인공지능은 이제 우리 사회의 거의 모든 산업에 걸쳐 활용되고 있다. 특히, 대규모 기업은 복잡한 시스템을 운영하면서 빅데이터의 파급력을 충분히 경험하고 있다. 빅데이터 관리는 어마어마한 양의 복잡한 정보를 효과적으로 처리하는데 필수적이며, 이를 통해 가치 있는 인사이트를 도출할 수 있으며 또한, 이러한 인사이트 도출 과정에서 빅데이터와 인공지능은 긴밀하게 협력하게 된다. 빅데이터의 가치를 최대한 발휘하려면, 데이터 분석과 시각화에 인공지능의 도움이 절실히 필요하게 되었다.

Chapter **07**

가상현실과 증강현실

07 Chapter

가상현실과 증강현실

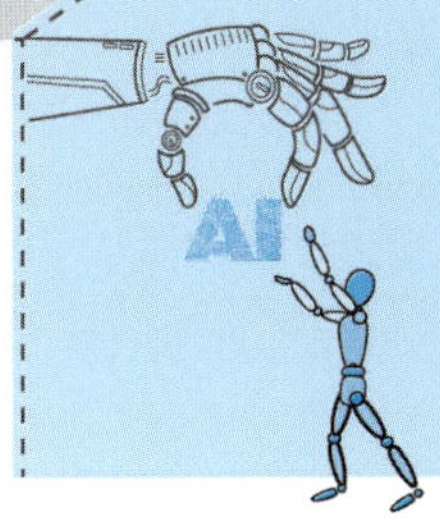

그동안 게임, 영화, 공연을 중심으로 발전하던 가상현실 및 증강현실 시장이 5G 상용화와 결합하여 일상에서 쉽게 접할 수 있는 기술로 자리 잡고 있다. 이용자에게 몰입 경험을 제공해 주는 가상·증강 현실은 혼합현실(Mixed Reality, MR) 기술과 결합하여 실감형 미디어로 통칭되며, 최근에는 세 가지 기술을 통합하여 '확장현실'(eXtended Reality, XR)로 불리기도 한다. 이에 따라 글로벌 ICT 업계에서도 시장 주도권을 확보하기 위해 노력 중이다. 애플과 마이크로소프트 등 글로벌 기업은 AR 콘텐츠 제작 도구인 ARkit2와 MR 기술을 실현하는 홀로렌즈2 등을 공개하면서 이미 AR·VR을 넘어 MR, XR 시대가 시작되었다.

note

1. VR/AR의 탄생과 유래

(1) VR

가상현실(Virtual Reality, VR)이라는 개념은 1938년 프랑스의 극작가인 앙토냉 아르토(Antonin Artaud)가 수필에 썼던 표현(Réal - ité virtuelle)에서 비롯되었다. 당시 앙토냉 아르토는 영화 속 스크린에 비쳐지는 배우들이 실제 배우의 모습을 재현하고 있지만 관객이 마주하게 되는 것은 영사기로 구현된 빛과 이미지라는 사실에 주목했다.

VR, 즉 가상현실의 기본 개념은 '실제와 유사하지만 실제가 아닌 인공 환경'을 의미한다. 따라서 넓은 의미로 보면 플라이트 시뮬레이터 등의 시뮬레이션, 세컨드 라이프 등의 게임과 같은 시각매체 역시 가상현실에 포함될 수 있다. 하지만 일반적으로 가상현실이라 하면 단순히 가상의 공간을 구현하는 것을 넘어서서 사용자의 오감에 직접적으로 작용하여 실제에 근접한 공간적 · 시간적 체험을 가능하게 하는 기술을 의미한다.

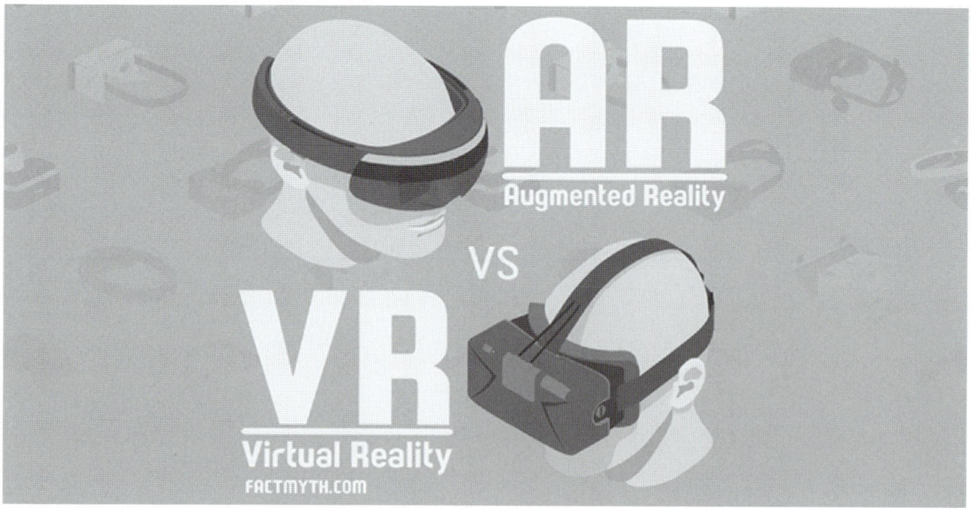

출처: 구글.

(2) VR의 진화로부터 비롯된 개념, AR

1963년 이미 컴퓨터 인터페이스 분야에서 '스케치 패드'를 선보여 이후 컴퓨터 과학자들이 마우스와 GUI(Graphical User Interface)를 선보이는 데 큰 역할을 했던 이반 서덜랜드(Ivan Sutherland)는 1966년 VR에 대한 인터페이스를 연구하던 중 사람이 머리에 직접 착용하는 헤드 마운티드 디스플레이(HMD)를 고안해 낸다.

1990년 보잉 항공사의 연구자였던 토마스 카우델(Thomas Caudel)은 그런 개념들을 증강현실(Augmented Reality, AR)이라고 불렀다. VR이 가상의 현실을 구현하는 것이라면 AR은 현실 위에 가상의 부분을 추가해, 현실을 확장하는 개념이라고 할 수 있다. 늘어나고 확장된다는 뜻의 Augmented를 붙인 AR은 일본에서 이를 '증강'이라는 표현으로 번역함에 따라 한국에서도 그대로 '증강현실'이라고 명칭하게 되었다.

AR은 2000년대 들어 대중화된 스마트폰과 스마트 기기 문화로 인해 획기적인 발전을 이루게 되며 다양한 센서들이 현실에서 다루기 쉬운 작은 기계에 결합되어 사진촬영 분야는 물론 게임과 소셜 미디어에서도 끊임없는 진화를 보여 주고 있다.

note

2. VR/AR 그리고 MR

AR과 VR은 너무나 앞선 개념이었던 까닭에 컴퓨터가 등장하기 이전에도 엉뚱한 발명품으로 취급되었으나, 컴퓨터가 등장하자 더욱 다양한 시행착오를 거치며 변화하기 시작하였다.

가상 현실(VR)은 여러 해 동안 "차세대 혁신"으로 손꼽혔지만, 이제는 현실적인 이미지와 사운드, 그리고 화려한 가상의 세계 한가운데서 다른 여러 감각의 경험을 구현하는 단계까지 왔다. 실제 환경에 가상의 콘텐츠를 더하는 증강 현실(AR)도 최근 주목을 받고 있으며, 두 기술 모두 중요한 역할 하고 있다. 혼합 현실(MR)의 경우, 가상 비디오 게임을 하면서 현실에서 물병을 잡고 그 병으로 게임 속 가상의 캐릭터에게 한 방을 날릴 수 있다. 상상과 현실이 매우 밀접하게 혼합되어 있다는 것이다.

(1) 닌텐도의 등장

AR/VR은 무엇보다 게임기 분야에서 두각을 나타냈다. 1989년 휴대용 비디오게임기 '게임보이'와 1990년 16비트 비디오 게임기 '슈퍼 패미콤'을 연달아 내놓으며 전 세계 게임시장을 키우며 큰 흥행을 기록했던 닌텐도는 1995년 첫 32비트 게임기를 내놓았다.

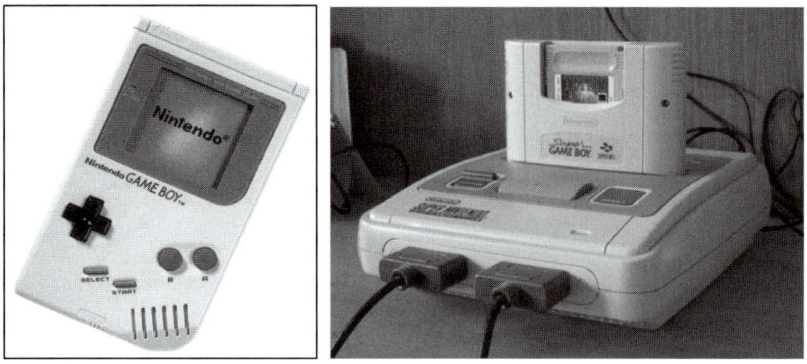

출처: 닌텐도 포켓 게임 보이, 슈퍼 패미콤(닌텐도).

HMD와 게임기의 구조를 결합시킨 휴대용 결합기였는데, '버추얼 보이'라는 이름이 붙은 이 게임기는 말 그대로 버추얼 리얼리티 분야에서 획기적으로 등장한 고성능 게임기이자 동시에 엄청난 실패작이 되었다. 휴대성을 강조했지만 2.2kg의 무게는 부담스러웠고, 안구에 밀착한 스테레오스코피 스크린을 통해 구현된 3D 입체화면이 많은 이용자에게 심한 멀미를 일으키는 부작용을 유발했다.

2000년대 후반에 들어서 아이폰을 선두로 한 스마트 기기가 휴대성과 더불어 정교한 센서들을 통제하는 뛰어난 운영체제에 의해 한결 더 쉽고 구체적으로 AR의 가능성을 제시하게 되었지만, 업계는 그 사업성이나 흥행에 대해서는 이렇다 할 결과물을 보여 주지 못하였다.

(2) 포켓몬을 통한 닌텐도의 부활

모션센서 기술들을 기반으로 소니의 플레이스테이션 4와 마이크로소프트의 XBOX ONE이 한층 더 독창적이면서도 재미있는 VR 기술들을 선보였다.

하지만 2016년 7월에 공개한 '포켓몬 고(Poketmon Go)' 게임은 닌텐도를 다시 화제의 중심으로 만들게 된다. '포켓몬 고'는 보편화된 스마트폰의 GPS와 지자기 센서를 이용해서 현실의 지도세계에 포켓몬이라는 가상의 캐릭터이자 닌텐도가 보유한 인기 캐릭터 콘텐츠를 구현했다.

게임의 실제 개발사인 나이언틱은 여러 해 전 스마트폰을 통해서 현실 지형에 가상의 지도와 영역 개념을 게임으로 구현한 '인그레스'로 큰 주목을 받았었는데, 닌텐도는 그런 나이언틱의 기술에 자사가 보유하고 있던 콘텐츠를 결합하여 재미있는 스토리와 오락성을 부각시켜 버추얼 보이의 실패 경험을 극복하고 AR의 큰 성공 사례가 된다.

포켓몬 고

(3) 혼합현실(MR)의 현실화

MR은 현실과 디지털 요소를 함께 활용한다. MR은 차세대 센서 및 이미징 기술을 사용해 실제 물건과 환경, 가상의 물건과 환경을 모두 조작하고 이들과 상호 작용한다. MR에서는 손으로 가상 환경과 상호 작용하면서 헤드셋을 벗지 않은 상태로 주변을 보고 여기에 몰입할 수 있다. 한 손이나 한 발은 실제 환경에서, 다른 쪽은 가상의 공간에서 활동할 수 있기 때문에 현실과 가상의 기본적인 개념을 무너뜨리고 오늘날 게임과 업무 방식을 바꿀 수 있는 경험을 선사한다.

MR 응용 사례의 한 가지 예로 현실 세계에서 발생하는 위험 요인 없이 조종사에게 항공기 착륙법을 가르치거나 외과의에게 생사를 가르는 절개법을 가르치는 특수 시뮬레이션 훈련을 들 수 있다.

3. VR/AR 그리고 MR의 진화

AR은 게임기 분야뿐 아니라 스마트워치 같은 웨어러블 디바이스는 물론 다양한 영상 중계 플랫폼에서도 조금씩 그 강점들이 구현되고 있다. 앞으로는 수많은 VR과 AR 관련 콘텐츠가 인간의 요구에 따라 개발될 것이다.

특별히 전 세계를 강타한 코로나 사태 이후 기업 및 모든 대면을 전제로한 일들이 혁신을 맞이하게 되었다. 기업에서 하이브리드 근무 인력을 하나로 통합하는 것은 오늘날 많은 조직이 직면하고 있는 문제다. McKinsey에 따르면 전 세계 근무 인력의 56%가 사무실 근무와 원격 근무를 병행하고 있다. Meta의 자체 연구에서도 100% 사무실 근무에서 하이브리드 근무로 전환하여 직원의 59%가 적용되고 있다. 다시 말해 가상 현실을 이용하여 분산된 인력으로 인해 발생하는 회의의 문제점들을 해결하는 데 헤드셋이 이용되고 있고 직원들이 3D 메타버스라는 한곳에 모일 수 있고 용도에 맞게 설계된 공통의 가상 공간에서 방해 요인 없이 브레인스토밍과 디자인, 개발과 학습을 진행하고 아바타를 사용하여 영상 통화보다 자연스럽게 대화를 나누어 커뮤니케이션이 이루어지고 있다. (Meta)

직방의 메타버스 공간 'Soma'

(1) '메타버스(Metaverse)'의 등장

메타버스(Metaverse)는 '초월'을 뜻하는 '메타(meta)'와 '우주'를 뜻하는 '유니버스(universe)'의 합성어로, 물리적 세계와 가상세계가 융합된 디지털 환경을 의미한다. 이 개념은 1992년 미국 작가 닐 스티븐슨(Neal Stephenson)의 SF소설 '스노 크래시(Snow Crash)'에서 처음 등장하였다. 당시에 메타버스는 상상 속의 개념이었으나, 오늘날 IT 기술발전과 인터넷의 대중화로 현실화되고 있다.

메타버스는 단순히 VR이나 AR과 같은 기술을 사용하는 것에 그치지 않고, 사람들이 실제처럼 느끼며 소통할 수 있는 디지털 세계를 제공한다. 메타버스의 본질은 디지털 콘텐츠 소비를 넘어 '참여'와 '몰입'을 새로운 환경에서 인간의 경험을 확장시키는 데 있다.

(2) 메타버스의 핵심기술

- AR, VR 그리고 MR
- **블록체인:** 디지털 소유권을 관리하고, 거래를 투명하게 유지하며, NFT(Non-Fungible Token)와 같은 자산을 활용하여 사용자들의 소유권을 규정하는 환경
- 인공지능(AI)
- 5G 및 초고속 네트워크
- **디지털 트윈:** 현실세계의 객체, 환경, 시스템 등을 디지털로 복제하여 메타버스내에서 시뮬레이션 할 수 있게 한다.

(3) 메타버스의 주요 특징

- **몰입감 있는 경험:** 현실감 있는 3D 환경과 인터페이스를 통하여 사용자가 실제 세상처럼 느낀다.
- **지속성:** 메타버스는 항상 작동하며, 사용자가 접속하지 않아도 변화하고 발

전한다.

- **경제 시스템:** 디지털 자산을 사고 팔거나 경제 활동을 수행한다.
- **사용자 생성 콘텐츠:** 메타버스 내의 콘텐츠는 사용자가 직접 제작하고 공유하며 생태계를 확장 가능하다.
- **사회적 상호작용:** 사용자 간의 소통, 협력, 관계형성이 구체적이고 현실적이다.

note

4. 메타버스의 현실화

(1) 게임과 엔터테인먼트

로블록스(Roblox), 포트나이트(Fortnite)

메타버스에서 가장 두드러진 활용 사례는 게임이다. 로블록스와 같은 플랫폼은 사용자가 직접 게임을 만들고 플레이하며 소통할 수 있는 환경을 제공한다.

- VR콘서트: 아리아나 그란데나 국내 가수 오마이걸, 에스파 등은 공연을 3차원 배경으로 옮겨 오는 VR 콘서트를 촬영하여 시공간 제약 없이 가수를 만날 수 있는 기회를 제공하여 국내외 팬들 사이에서 호응을 얻고 있다. 국내 VR 스타트업들이 VR 기술을 K팝 산업으로 확장해 가상현실 콘텐츠 대중화에 나섰다.

에스파 VR콘서트 포스터

출처: 어메이즈VR.

(2) 교육

- 가상교실: 코로나 펜데믹 이후 교육의 디지털 전환이 가속화되고 있다. 메타버스는 3D 가상 교실을 통해 학생들에게 몰입형 학습 환경을 제공한다.

- **가상 현장 학습:** 가상 현장 학습에 VR을 사용하면 학생들은 교실을 떠나지 않고도 다양한 도시, 국가, 문화를 여행할 수 있다. 스톤헨지나 에펠탑과 같은 세계 유명 기념물이나, 구겐하임 미술관이나 루브르 박물관과 같은 유명 박물관, 사하라 사막이나 북극과 같은 먼 곳으로의 흥미진진한 탐험까지, 가상 현장 학습에는 모든 것이 가능하다.(출처: Class VR)

(3) 훈련과 비즈니스 회의

- **훈련 시뮬레이션:** 메타버스를 활용하면 의학, 군사, 항공 등 현실에서 경험하기 어려운 환경을 실제처럼 훈련할 수 있다.
- **가상 사무실과 브랜드 마케팅:** 메타버스를 통한 가상 사무실은 시간과 공간의 제약을 약화시켜 글로벌 시대에 요구되는 전 세계 어느 지역에서 참여 가능한 협업 체계를 구축한다. 또한 디자인이 중요시되는 제품의 경우 디지털 제품/상품을 구비하여 소비자/구매자에게 직접 선택하고 요구 사항을 반영할 수 있는 다양한 기회 제공이 가능하다.

호라이즌 워크룸

디지털 스니커 'Nike Crypotokicks'

출처: RTFKT.

(4) 의료와 헬스케어(스마트 병원)

디지털 혁신이 의료 분야에 깊숙이 자리 잡으며, "스마트 병원"이라는 개념이 급부상하고 있다. 특히, AI 기반의 VR(가상 현실), XR(확장 현실), MR(혼합 현실) 기술이 스마트 병원의 중심에 자리 잡으며 의료의 질과 효율성을 크게 향상시키고 있다. 스마트 병원은 최첨단 디지털 기술을 활용하여 의료 서비스를 제공하는 의료 기관을 의미하며, 이러한 병원은 IoT(사물 인터넷), AI(인공지능), 빅데이터, 클라우드 컴퓨팅 등의 기술을 통합하여 환자 진료, 병원 운영, 의료 연구 등 전반적인 의료 프로세스를 혁신한다.

- **가상 상담:** 심리상담이나 의료상담을 메타버스공간에서 진행하며, 현실적 제약을 극복할수 있다.
- **수술 훈련:** 위험도가 높거나 신입교육 또는 신규 기술의 습득을 위한 의료행위를 저비용, 위험의 회피가 가능한 수술/장비의 연습과 교육을 통하여 전문성을 높일 수 있다.

스마트 병원은 AI 기반 VR, XR, MR 기술을 통해 의료 분야에 혁신적인 변화를 가져오고 있다. 이러한 기술들은 의료진의 업무 효율성을 높이고, 환자에게 더 나은 의료 서비스를 제공하며, 전반적인 의료 비용을 절감하는 데 큰 역할을 하고 있다. 그러나, 이러한 기술 도입에는 보안 문제, 기술 격차, 규제와 표준화 등 여러 도전과제가 필수적이며, 스마트 병원의 성공적인 구현을 위해서는 이러한 도전과제를 해결하기 위한 노력이 필요하다.

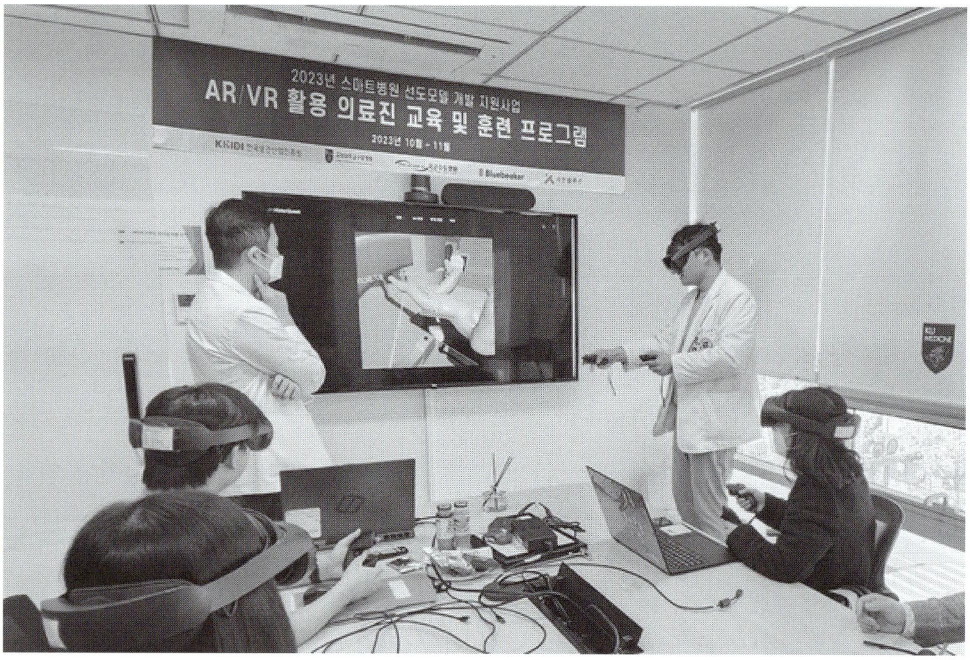

(5) 구글글래스

특수 안경을 착용하고 가구매장을 둘러보다 마음에 드는 식탁을 찾는다. 스마트폰을 식탁 방향으로 갖다 대면 가격 · 무게 · 길이 등 필요한 정보가 보이며 개별 물체를 식별하고 관련 정보를 검색 · 표시해 준다. 거리에서 길을 헤맬 때도 지도와 연동돼 실제 거리에 가야 할 길을 표시해 준다. 구글의 구글글래스 등에서 볼 수 있는 AR 기능이다.

2017년 다시 상용화한 구글글래스(펌웨어 XE23)

(6) 제조업 분야

미국 최대의 방위산업체 록히드 마틴(Lockheed Martin)은 2018년 화성탐사선을 비롯한 우주선의 디자인과 제작과정에 마이크로소프트(Microsoft)의 AR 기기인 홀로렌즈(hololens)를 활용하여 조립 프로세스 검증을 진행하고 있다. 기술자가 인공위성이나 우주선, 기타 제품을 제작할 때 참조해야 할 모든 정보를 하나로 모으고 그 정보들을 쉽게 기술자에게 전달하여 정확한 발생 가능성이 있는 문제점을 사전에 예방하고 있다.

록히드 마틴의 AR 설계

항공기 제조업체인 보잉(Boeing)도 MS사의 홀로렌즈 기술을 사용하여 비행기 내 전기부품을 조립하는 데 적용할 뿐 아니라 산불에 대한 정보와 각종 항공정보를 실시간 접수해 가장 효율적인 소화 전략을 도출하는 데 응용하여 산불 대비 훈련용으로도 이용하고 있다.

MS사의 홀로렌즈

(7) 군사 분야

최초의 증강현실 기술은 군사 목적으로 개발되었다. 전투기 조종석 앞에 장착되는 HUD(Head-Up Display)와 공격헬기 조종사 헬멧에 소형 투명 디스플레이가 장착되는 형태로 구현되었다. 조종사는 시야를 그대로 유지하면서 투명한 디스플레이를 통해 방향, 속도, 고도 등의 정보들을 확인할 수 있게 되었다. 이 외에도 헬멧에 장착된 카메라로 촬영한 화면을 HMD에 투영하는 방식도 사용되고 있다.

AR의 군사적 활용을 위해서는 정보를 실시간으로 제공하기 위해 높은 컴퓨터 성능과 빠른 통신 속도가 필요하다. 기기 운용에 관련된 정보 외에도, 사용자의 시선과 이동속도 등 모든 움직임을 파악해야 한다. VR을 구현하기 위해서는 GPS, 중력 센서, 상세한 지도가 들어 있는 위치정보시스템, 정보를 융합하여 표시할 AR 소프트웨어, 그리고 디스플레이가 필요하다.

그 동안 AR은 실제 시야에서 평면적인 가상정보만을 제공했지만, 최근 MS(Microsoft) 사의 홀로렌즈와 같은 3차원 홀로그램(hologram)으로 정보를 표현하는 장비도 개발되고 있다. MS는 미군에게 전장에서 병사 추적, 항공기 수리 등 다양한 분야에서 홀로렌즈 사용을 제안했다고 알려졌다.

군사용 AR은 전투기의 HUD 등을 통해 오래전부터 활용되어 왔다. 전투기에서 좌표, 고도, 속도 등의 정보를 알려 주기 위해 사용되는 HUD는 수송기, 헬기 등으로 사용 대상이 확대되었고, 최근에는 민간에서 자동차 운행에도 사용되고 있다. 전투기에 사용된 AR은 헬멧에 정보를 투영하는 HMD로 발전했고, F-35에 이르러서는 360도 전 방향 상황인식능력까지 보유하게 되었다.

평면형 가상현실을 사용한 F-35용 시뮬레이터

HMD는 평면형 스크린보다 훈련 효율이 높다. 미 육군은 2014년 센트럴 플로리다 대학과 함께 UH-60 헬기 승무원들에 대한 HMD와 평면 스크린을 사용한 훈련을 비교했다. 측정에는 얼마나 다른 장소나 환경에 실제로 있다고 느끼는가를 평가하기 위해 1998년에 고안된 설문지가 사용되었다. 이 점수가 높을수록 가상훈련의 효과도 높았다. 사용된 시뮬레이터는 레이도스(Leidos)사의 NCM3였는데, 일반 LCD 화면을 볼 때보다 HMD를 착용했을 때 더 높은 훈련 효과를 보였다는 연구 결과가 나왔다.

HMD를 사용한 몰입형 교육은 시뮬레이터 탑승 전 훈련, 낙하산 훈련, 대형 함정 친숙화 교육, 보병 전술훈련 등 다양한 분야에서 활용되고 있다. 많은 IT 관련 방위 산업체들이 몰입형 VR 훈련 시스템을 개발하고 있다.

낙하훈련용 시뮬레이터 파라심

note

5. VR/AR의 미래

VR/AR/MR의 산물인 메타버스는 아직 발달단계에 있지만, 기술의 발전에 따라 점점 더 많은 산업에 영향을 미칠 것으로 보인다. 디지털 자산, 가상경제, 새로운 직업의 창출 등 메타버스는 인간의 삶의 방식을 혁신적으로 변화시키고 있다.

- **개인에 특화된 콘텐츠 제공**: AI와 빅데이터의 분석이 결합되어 사용자에 특화된 맞춤형 서비스를 제공 가능하다.
- **환경보호**: 지구 온난화와 탄소중립 요구사항에 대응하기 위해 메타버스를 통한 물리적 이동이나 실습/교육 등 소비를 저감하면서 탄소 발자국을 줄일 수 있다.
- **새로운 비즈니스 영역의 기회**: 메타버스를 통한 다양한 기회제공과 더불어 메타버스 자체의 개발자, 콘텐츠 제작자 등 과거에 경험하지 못한 분야의 신규 직업의 창출이 예측된다.

메타버스는 앞서 언급한 4차 산업혁명과 관련된 모든 기술의 집약체로 우리의 삶을 디지털화된 형태로 확장의 기회를 제공하고 있다. 이 새로운 세계는 현실의 한계를 넘어서며 교육, 비즈니스, 사회적 상호작용 등 다양한 영역에서 가능성을 제공한다. 이는 단순한 기술 이상의 의미를 가지고 있으며, 새로운 패러다임을 열어 가는 미래의 한 단면이다. 이 변화와 혁신을 이해하고 활용한다면, 우리는 디지털과 기존의 물리적 세계가 융합된 새로운 경험을 누리게 될 것이다.

Chapter **08**

문제의 인식과 해결

08 Chapter

문제의 인식과 해결

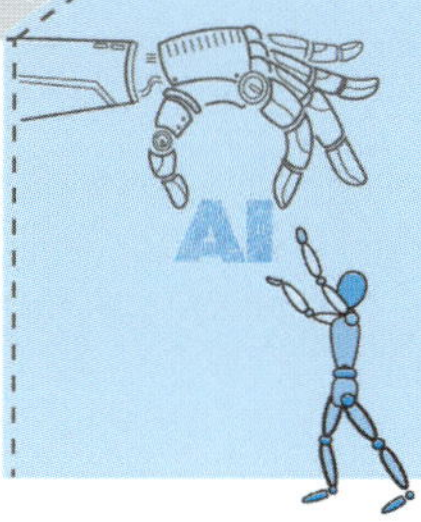

기업의 혁신과 의사결정

문제해결의 출발점은 문제에 대한 인식이다. 문제에 대한 인식이 되었을 때, 창의적인 사고나 비판적인 사고를 통해 해결방안을 찾아야 한다. 어떤 문제가 생겼을 때 그 문제가 잘 해결되고 그 후로 행복하게 살았다는 마무리는 동화책의 한 이야기일 뿐이다.

스티브 잡스(Steve Jobs)가 이끌었던 애플은 아이폰과 아이패드로 세계 최고의 경쟁력을 가진 기업으로 등극했다. 이 와중에 삼성전자를 비롯한 관련 국내 기업은 심각한 위기감을 느끼고 있었다. 삼성전자의 이건희 회장은 삼성전자가 점점 어려워질 것을 걱정했고, LG전자는 긴급히 최고 경영자를 교체했으며, 마이크로소프트, 소니, 구글도 급격한 경쟁력 저하를 심히 우려했으며 결국 노키아는 세계인들의 관심에서 퇴출되었다.

한 기업의 경쟁력이 급격히 높아지고 난공불락이라 여겼던 기업이 갑자기 수세에 몰리거나 쇠퇴하는 이유는 무엇일까? 요즘 기업의 경쟁은 최종 승자가 누가 될지 모를 정도의 불확실성이 매우 크다.

이와 같은 경쟁 환경에서 기업이 승자가 되려면 기업의 경영환경과 다양한 문제 속에서 패러다임의 혁신과 이에 수반되는 위험과 도전을 감수할 신속하고도 단호한 문제를 해결할 의사결정이 필수다. 회사의 운명이 달려 있는 프로젝트 추진을 신속하고도 단호하게 결정하고, 집행할 최고 경영진의 리더십은 기업 경쟁력의 핵심이다.

기업들은 생존과 성장을 위해서 수많은 문제를 해결하고 의사결정을 한다. 특히 모든 것이 급격하게 변화하고 있는 경영환경 속에서 기업들은 과거에 경험하지 못한 수많은 문제들을 어떻게 찾아내고 해결하느냐에 따라서 기업의 경쟁력이 결정된다.

출처: 동아일보, 한국경제연구원 이주선.

1. 문제의 정의

모든 문제에 대한 해결의 출발점은 문제에 대한 이해다. 창의적 사고, 합리적 사고, 비판적 사고를 하는 것도 문제에 대한 이해로부터 시작한다. 그런데 우리는 몇몇 사고의 성향으로 인해 문제에 대한 이해가 잘 되지 않을 때가 종종 있다. 조직에서 문제가 발생하면 구성원들은 의사결정 과정에 참여하게 되는데, 이때 조직의 의사결정은 집단으로 이루어지는 경우가 많으며, 여러 가지 제약요건이 존재하기 때문에 조직의 의사결정에 적합한 과정을 거친다.

조직에서 의사결정은 개인의 의사결정에 비해 복잡하며, 신속하게 이루어져야 할 때가 많고, 확실하지 못한 환경이나 수단이나 결과가 명확하게 정의된 상태에서 이루어지기도 한다. 또 한 사람의 관리자에 의해 결정되는 것이 아니라 많은 구성원의 참여와 협력이 요구된다. 문제를 해결하기 위해서 여러 부서가 관여하고, 다양한 견해를 내기도 하며, 심지어 외부의 조직도 개입되기도 한다.

(1) 문제의 정의

문제란 기본적으로 명확한 해결방안이 보이지 않는 바람직하지 않은 상태이며, 문제를 한마디로 정의하면 '기대수준(what should be)과 현재수준(what is)'의 차이이다. 기대수준은 목표, 바람직한 상태, 기대되는 결과, 있어야 할 모습 등으로 불린다. 현재수준은 현상, 예상되는 상태, 실제의 결과, 실적, 현재의 모습 등으로 불린다. 따라서 문제는 목표와 현상의 차이, 기대되는 결과와 실제 결과의 차이라고도 할 수 있다. 이렇게 문제를 잘 이해할 때 사고력을 발휘할 수 있다.

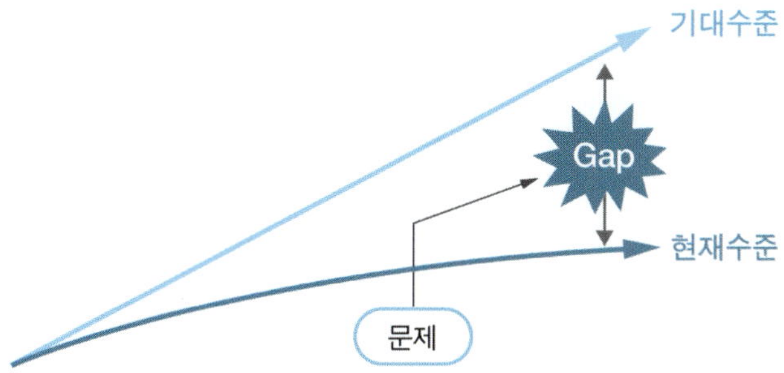

문제의 정의

어느 기업이 1년 경영목표를 100억 원을 목표로 하고 노력한 결과 100억 원이 달성되었다면 문제가 되지 않지만, 90억 원밖에 달성되지 못했다면 10억 원의 Gap이 발생하므로 그 기업은 경영목표를 달성하지 못했으므로 문제가 되는 것이다.

또 자취하는 대학생의 한 달 용돈이 50만 원 필요한 데 부모로부터 50만 원을 받는다면 이는 문제가 없지만, 부모님이 30만 원을 주신다면 이는 문제가 되는 것이다.

(2) 문제의 의미

문제를 해결하려면 문제가 무엇인지를 명확히 파악해야 하며, 문제의 핵심이 무엇인지를 알면 문제의 반은 풀린 것과 같다. 그러나 문제를 해결하기를 원하지만 실제로 해결해야 하는 방법을 모르고 있는 상태나, 얻고자 하는 해답이 있지만, 그 해답을 얻는 데 필요한 일련의 행동을 알지 못하는 경우가 있다.

이러한 문제는 흔히 문제점과 구분하지 않고 사용하는데, 문제점이란 문제의 근본 원인이 되는 사항으로 문제해결에 필요한 열쇠인 핵심 사항을 말한다. 예컨대, 난폭운전으로 전복사고가 일어났을 때, 사고의 발생이 문제이며, 난폭운전은 문제점이다. 이렇게 문제점은 개선해야 할 사항이나 손을 써야 할 사항, 그에 의해서 문제가 해결될 수 있고 문제의 발생을 미리 방지할 수 있는 사항을 말한다. 이를 그림으로 표시하면 다음과 같은데 문제의 핵심이 무엇인지 알면 문제의 반은 풀린 것과 같다.

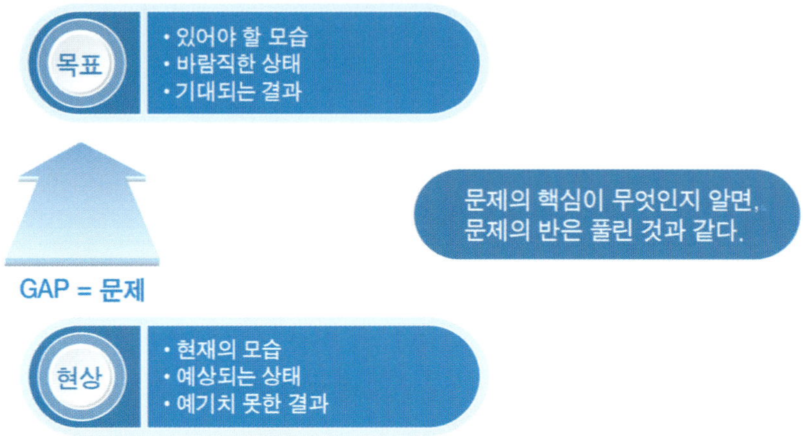

문제의 의미

(3) 문제해결

문제가 발생하면 일반적으로 창의적 방법과 분석적 방법을 통해 해결방안을 찾을 수 있다. 앞에서 언급한 10억 원의 Gap이 발생할 경우, 외부적인 다른 마케팅 방안과 새로운 모델을 개발해 10억 원의 실적을 올렸다면 이는 창의적인 문제해결 방법이고, 내부적으로 경비를 절감하고 관리비용과 절감 등을 통해 10억 원을 절감하고 결국 이익이 100억을 달성했다면 분석적 문제해결로 경영을 이룬 것이다.

문제해결 방안

구분	창의적 문제	분석적 문제
정의	현재 문제가 없더라도 보다 나은 방법을 찾기 위한 문제 탐구로 문제 자체가 명확하지 않음	현재의 문제점이나 미래의 문제로 예견되는 문제 탐구로, 문제 자체가 명확함
특징	주관적, 직관적, 정성적, 감성적, 개별적, 특수성	객관적, 논리적, 정량적, 이성적, 일반적, 공통성
해결 방법	창의력에 의한 많은 아이디어의 작성을 통해 해결	분석, 논리, 귀납과 같은 논리적 방법을 통해 해결
해답 수	해답의 수가 많으며, 많은 답 가운데 보다 나은 것을 선택	답의 수가 적으며, 한정되어 있음

쉬어 가는 코너

01 야구방망이와 야구공을 함께 사면 11,000원이다. 방망이가 공보다 10,000원 더 비싸다. 그러면 공은 얼마인가?

02 5개의 부품을 만들려면 5대의 기계를 5분 동안 가동해야 한다. 100대의 기계로 100개의 부품을 만들려면 시간은 얼마나 필요할까?

03 어떤 호수 위에 물풀들이 자란다. 이 물풀은 매일 두 배로 넓어지는데 만일 물풀이 호수 전체를 덮는 데 10일이 걸렸다면 호수의 반을 덮는 데는 며칠이 걸릴까?

note

사례연구 1

문제를 문제로 인식하기 – 누가 문제인가?

동물들의 생태를 연구하기 위해 알래스카를 여행하던 어느 교수와 학생이 야영을 위해 텐트를 설치하던 중이었다.

이때 사납게 생긴 곰 한 마리가 그들을 발견하고 갑자기 달려오기 시작했다. 느리고 미련하다는 생각과는 달리 곰의 걸음은 상당히 빨랐기 때문에 어물쩍거리다가는 잡아먹힐 것 같았다.

깜짝 놀란 교수는 황급히 도망을 치려는데 학생은 가방에서 운동화를 꺼내서 신기 시작했다.

교수가 두려움에 가득 찬 눈으로 뒤돌아보며 외쳤다. "운동화 신을 겨를이 어디 있어? 빨리 도망쳐야 해!" 이 말을 들은 학생은 짐짓 태연하게 "교수님, 문제는 그게 아닙니다"라고 소리쳤다.

01 이 상황에서 문제는 무엇일까? 학생은 왜 운동화로 갈아 신으면서 그렇게 대답했을까?

02 누구의 생각이 목숨을 구하는 데 도움이 되었을까?

2. 문제의 유형

문제를 효과적으로 해결하기 위해서는 문제의 유형을 파악하는 것이 우선시되어야 한다. 문제의 유형은 그 기준에 따라 다음과 같이 구분될 수 있다.

- **기능에 따른 문제 유형:** 제조 문제, 판매 문제, 자금 문제, 인사 문제, 기술상 문제
- **해결방법에 따른 문제 유형:** 논리적 문제와 창의적 문제
- **시간에 따른 문제 유형:** 과거 문제, 현재 문제, 미래 문제
- **업무수행 중 발생한 문제 유형:** 발생형 문제(보이는 문제), 탐색형 문제(찾는 문제), 설정형 문제(미래 문제)

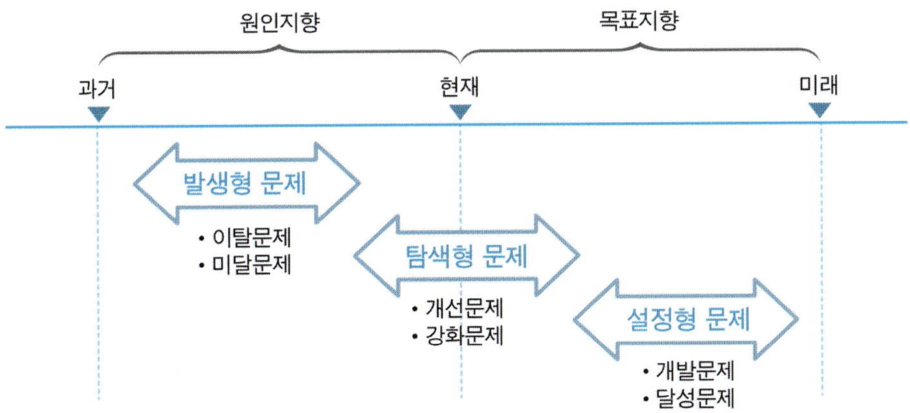

문제의 유형

(1) 발생형 문제(보이는 문제)

우리 눈앞에 발생되어 당장 걱정하고 해결하기 위해 고민하는 문제를 의미한다. 발생형 문제는 눈에 보이는 이미 일어난 문제로, 어떤 기준을 이탈함으로써 생기는

이탈문제와 기준에 미달하여 생기는 미달문제로 대변되며 원상 복귀가 필요하다. 또 문제의 원인이 내재되어 있기에 원인 지향적인 문제이다.

(2) 탐색형 문제(찾는 문제)

더 잘해야 하는 문제로 현재 상황을 개선하거나 효율을 높이기 위한 문제를 의미한다. 탐색형 문제는 눈에 보이지 않는 문제로, 문제를 방치해 두면 뒤에 큰 손실이 따르거나 결국 해결할 수 없는 문제로 나타나게 된다. 이러한 탐색형 문제는 잠재문제, 예측문제, 발견문제의 세 가지 형태로 구분된다.

잠재문제는 문제가 잠재되어 있어 보지 못하고 인식하지 못하다가 결국은 문제가 확대되어 해결이 어려운 문제를 의미한다. 이와 같은 문제는 존재하나 숨어 있기 때문에 조사 및 분석을 통해서 찾아야 할 필요가 있다.

예측문제는 지금 현재로는 문제가 없으나 현 상태의 진행 상황을 예측이라는 방법을 사용하여 찾아야 앞으로 일어날 수 있는 문제가 보이는 문제를 의미한다.

발견문제는 현재로서는 담당 업무에 아무런 문제가 없으나 유사 타 기업의 업무방식이나 선진기업의 업무 방법 등의 정보를 얻음으로써 보다 좋은 제도나 기법, 기술을 발견하여 개선, 향상할 수 있는 문제를 말한다.

(3) 설정형 문제(미래 문제)

미래상황에 대응하는 장래의 경영전략의 문제로 앞으로 어떻게 할 것인가 하는 문제를 의미한다. 설정형 문제는 지금까지 해 오던 것과 전혀 관계없이 미래 지향적으로 새로운 과제 또는 목표를 설정함에 따라 일어나는 문제로서, 목표 지향적 문제라고 할 수 있다. 따라서 이러한 과제나 목표를 달성하는 데 따른 문제해결에는 지금까지 경험한 바가 없기 때문에 많은 창조적인 노력이 요구되는 문제이므로, 설정형 문제를 창조적 문제라고 하기도 한다.

문제의 유형

구분	내용
발생형 문제	현재 문제가 발생하여 원상복귀가 필요한 문제 예: A제품에 대한 고객클레임(제품불량)이 발생했다.
탐색형 문제	현재는 문제가 아니지만, 더 잘하기 위해 현재 상황을 개선하기 위한 문제 예: 4/4분기 생산성을 3/4분기 대비 5%p 높이라는 목표가 제시되었다.
설정형 문제	외부환경이나 경영전략 변화에 따라 앞으로 발생할 수 있는 문제 예: 북유럽시장 진출에 따라 예상되는 이슈를 분석하라는 지시가 주어졌다.

쉬어 가는 코너 문제풀이

① 대부분 반응은 1,000원인데 정답은 500원이다.
② 대부분 반응은 100분이라고 답하는데 정답은 5분이다.
③ 어렵지 않다, 정답은 9일(하루에 두 배씩 증가하므로)

세 문제의 점수를 3점으로 환산할 때, 세계적인 대학의 평균점수는 매사추세츠 공과대학교(2.18), 하버드대학교(1.48점), 미시간대학교(1.18점) 등으로 평균 1.5점밖에 못 맞추었다. 그 이유는 문제를 대할 때, 즉각적으로 반응하는 습관과 성급하게 반응함에서 오는 것으로 분석되었다.

3. 문제의 인식

문제의 기본은 문제를 올바로 인식하는 것이다. 문제 인식의 첫 단계는 '문제의 주인이 누구인가'를 밝히는 일이다. 두 번째는 문제를 올바르게 정의하고, 세 번째는 문제의 유형을 파악하며, 마지막으로 문제의 우선순위를 정하는 것이다. 앞의 사례를 중심으로 문제를 인식하고 해결해 나가는 과정을 살펴보자.

(1) 문제의 주인(해결자)이 무엇인지 파악한다.

문제 인식의 첫 단계는 문제의 주인이 누구인지를 파악하는 일이다. 다시 말해 누가 문제를 풀어야 하고 누구에게 해법이 필요한지 밝히는 일이다. 누구의 문제인지에 따라 해법이 전혀 다르게 도출되기 때문이다.

앞의 사례에서 볼 때 곰-교수-학생 중 누가 문제의 주인(핵심)인지를 파악하는 것이다. 교수는 자신과 학생을 문제의 주인으로 보았고, 학생은 운동화로 갈아 신는 문제의 주인에서 교수를 탈락시키고 본인을 유일한 의뢰인으로 내세운 것이다.

(2) 문제를 올바르게 정의한다.

문제해결의 관점에서 문제를 정의하면 앞에서 언급했듯이 문제는 기대 상태에서 현재 상태의 격차를 말한다.

문제 = 기대 상태 – 현재 상태

곰에게 쫓기는 상황에서 학생이 운동화로 갈아 신은 행동은 문제를 잘 정의했기 때문이다. 이 문제의 제약조건은 인간이 곰보다 빠르지 않아 현재의 상태에서 벗어나기 어렵다는 것인데, 이를 잘 파악한 것이다.

(3) 문제의 유형을 파악한다.

기대 상태와 현재 상태의 격차라고 간단히 정의되는 문제의 정의는 상황에 따라 몇 개의 유형으로 나타난다. 문제 발생의 유형은 해결하는 과정에서 대부분 위급한 문제와 원인문제로 구분된다. 곰이 우리를 해치려고 오는 것은 위급의 문제이지 원인문제가 아니다. 곰이 왜 오는가에 대한 원인을 찾는 것은 불필요한 행동이다. 원인문제는 위급문제와는 달리 원인을 규명해야만 효과적인 해결이 가능한 문제를 말한다. 어떤 문제가 위급문제인지 원인문제인지를 올바르게 판단할 줄 아는 능력은 문제해결의 기본기 중 하나이다.

(4) 문제의 우선순위를 정한다.

문제인식의 마지막 단계는 문제의 우선순위를 정하는 과정이다. 문제들의 우선순위를 정하는 측정기준은 다음과 같은 세 가지 기준이 대표적이다.

우선순위 측정기준: ① 시급성 ② 영향도 ③ 심화 가능성

시급성은 문제가 얼마나 시급하게 해결되어야 하는가의 정도의 문제이며, 영향도는 그 문제가 얼마나 많은 영향을 끼치는가에 대한 문제이고, 심화 가능성은 이 문제를 해결하지 않고 그냥 놔둔다면 그 문제가 얼마나 더 심각해질 것인가를 판단하는 기준이다. 곰이 달려드는 경우는 두 사람의 목숨이 달려 있는 만큼 시급성이 가장 우선할 것이다.

4. 문제의 원인과 해결

문제해결의 중요성

〈진땀 빼는 면접 질문〉

'쌀 한 가마니 안에는 몇 톨의 쌀이 들어 있는가?, 서울 시내 대학생들의 1인당 평균 신용카드 사용금액은 얼마인가?' 등은 최근 효성그룹의 신입사원 면접 때 나온 질문들이다.

효성그룹은 지원자들이 직접 질문지 중 하나를 뽑아 그 질문에 답하는 면접 방식을 도입했다. 평가의 척도는 정답 여부보다는 답변을 구성하고 있는 논리와 가설이 얼마나 설득력을 지녔는지를 본다고 한다. 이 회사 홍보팀 관계자는 "국내 기업들이 갈수록 구성원들의 문제해결과 소통 능력을 중시하는 추세"라며 "임원들도 이 면접을 도입한 뒤 논리력과 자기표현 능력을 갖춘 신입사원들이 늘어났다고 만족하는 분위기"라고 전했다.

취업 포털인 인크루트는 최근 1년간 주요 대기업들의 채용 면접에서 나온 질문 4천여 건을 분석해 자주 등장하는 유형들을 정리 · 발표했는데, 이런 추세가 그대로 확인됐다.

먼저 '문제해결형'은 회사 생활에서 생길 법한 문제 상황을 주고 그 대처법을 묻는 유형이다. 예컨대, △들어줄 수 없는 사안인데도 고객이 끈질기게 요구한다면?(한국휴렛팩커드) △난동 피우는 고객이 있다면?(하나은행) △우리 회사 제품은 만 원인데 경쟁사 제품은 8천 원일 때 어떤 방법으로 제품을 팔 것인가?(동아제약) 등을 꼽을 수 있다.

조직에 대한 충성도를 엿보기 위해 야근 · 휴일 근무 등의 난감한 상황을 질문으로 제시하는 경우다. △잦은 야근 등으로 대인관계가 소홀하게 된다면 어떻게 하겠는가?(엔씨소프트) △약속이 있는데 상사가 야근하라고 지시한다면 어떻게 하겠는가?(삼성) 등의 질문들이 대표적이다.

출처: 한겨레신문.

(1) 문제해결의 정의

문제해결이란 목표와 현상을 분석하고, 이 분석결과를 토대로 과제를 도출하여 최적의 해결책을 찾아 실행, 평가해 가는 활동을 의미한다. 이러한 문제해결은 조직, 고객, 자신의 세 가지 측면에서 도움을 줄 수 있다.

조직 측면에서는 자신의 속한 조직의 관련 분야에서 세계 일류수준을 지향하며, 경쟁사와 대비하여 탁월하게 우위를 확보하기 위해서 끊임없는 문제해결이 요구된다.

고객 측면에서는 고객이 불편하게 느끼는 부분을 찾아 개선과 고객 감동을 통한 고객 만족을 높이는 측면에서 문제해결이 필요하다.

자기 자신 측면에서는 불필요한 업무를 제거하거나 단순화하여 업무를 효율적으로 처리하게 됨으로써 자신을 경쟁력 있는 사람으로 만들어 가는 데 문제해결 능력이 요구된다.

문제해결 능력이란 사회생활이나 직장생활에서 업무수행 중에 발생되는 여러 가지 문제를 창의적, 합리적, 논리적 사고를 통해 그 문제를 올바르게 인식하고 적절히 해결하는 능력을 말한다. 최근의 문제들은 더욱 복합적이고 다양한 형태로 나타나고 있다. 그러므로 문제해결 능력은 대학생들에게 직면한 문제를 바르게 인식하고 바람직한 문제해결을 위해 요구되는 가장 중요한 요소이다.

(2) 문제해결의 기본요소

문제해결을 위해서는 다음과 같은 다섯 가지 기본요소들이 요구되는데 구체적인 실천방안은 다음과 같다.

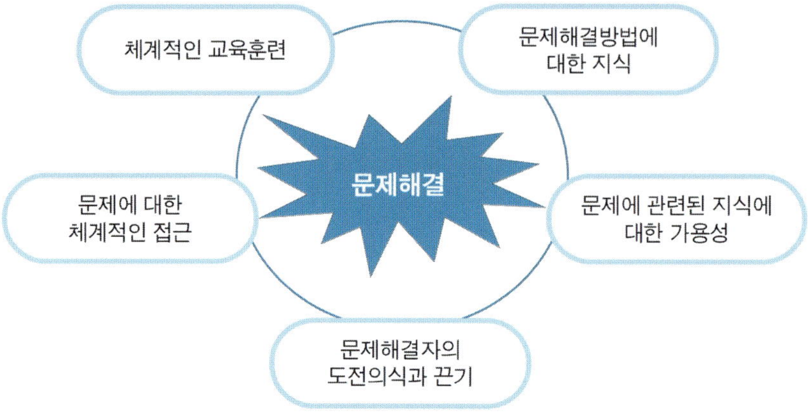

문제해결의 기본요소

1) 체계적인 교육 훈련

문제해결을 위해서는 고정관념, 선입견, 편견 등 심리적 타성 및 기존의 패러다임을 극복하고 새로운 아이디어를 효과적으로 낼 수 있는 창의적 문제해결 능력에 필요한 스킬 등을 습득하는 것이 필요하다. 이는 창의적 문제해결 능력을 향상해야 함을 의미하며, 이는 문제해결 방법에 대한 체계적인 교육 훈련을 통해서 얻을 수 있다. 따라서 문제해결을 위해서 학생들은 학교의 수업과 자신의 인턴, 아르바이트 등을 통해 사회에서 체계적인, 경험적인 훈련을 통해 문제해결을 위한 기본 지식과 스킬 등을 습득해야 한다.

2) 문제해결 방법에 대한 지식

문제해결을 위해서는 다양한 문제해결 방법에 관한 지식을 습득하여야 하며 이를 적절하게 사용할 수 있어야 하며, 여기에는 일반적인 문제에 적용되는 해결방법과 전문영역(R&D, 마케팅)에 따른 해결방법이 있다. 개인은 이러한 문제의 다양한 해결방법을 알아야 하며, 이는 효과적인 문제해결의 출발점이 될 수 있다.

3) 문제해결자의 도전의식과 끈기

문제를 해결하여 성과를 도출하고자 하는 문제해결자의 문제해결 의지 및 개선의식 · 도전의식과 끈기가 필요하다. 특히 현상에 대한 도전의식과 새로운 것을 추구하려는 자세, 난관에 봉착했을 때 헤쳐 나가는 태도 등이 문제해결의 밑바탕이 된다.

4) 문제에 대한 체계적인 접근

문제해결을 위해서는 문제를 체계적으로 접근하여야 한다. 문제를 조직 전체적인 관점에서 바라보지 않고 각 기능 단위별로 문제점을 분석하고 해결안을 도출한다면 각 기능과 기능 사이의 사각지대는 지속적으로 문제가 상존하여 문제해결의 결과가 성과에 미치는 영향이 아주 미미한 경우가 있다. 따라서 효과적인 문제해결을 위해서는 체계적 접근을 통해 문제를 분석하고 해결해야 한다.

note

사례연구 2

여러분, 방탄 청년을 도와주세요!

방탄은 광화문 근처에 있는 포시즌스 호텔 스타벅스에서 저녁 9시에 사랑하는 사람을 만나 프러포즈를 할 계획이다. 여자 친구는 성격이 칼 같아서 약속에 늦는 것을 매우 싫어하는 사람이다, 만일 방탄이 약속시간에 늦게 도착한다면, 프러포즈는 엉망이 되고 여자 친구는 뒤도 안 돌아보고 떠날 게 확실하다. 방탄은 프러포즈에 성공하기 위해 어떻게든 제 시간에 약속장소에 도착하여야 한다.

그런데 문제가 생겼다. 사장님이 방탄에게 오후 늦게 중요한 일이 생길 것 같다고 말했기 때문이다. 만일 그 일을 하게 되면 빨라 봤자 회사에서 8시에 출발할 수 있다. 다행히 일이 생기지 않는다면 7시에 퇴근이 가능하다.

강남에 위치한 회사에서 광화문으로 가려면 승용차로 평균 1시간이 걸리지만, 운이 좋아 길이 막히지 않는다면 30분, 막히게 되면 2시간이 걸린다. 그렇다고 차를 놔 두고 가기는 어렵다. 프러포즈를 끝내고 여자 친구와 함께 남산으로 드라이브를 가려고 했다.

방탄은 어떻게 이 문제를 해결할 수 있을까?

01 방탄이 처한 곤란한 상황을 해결할 가상의 시나리오를 3가지 이상 작성해 보라.

①

②

③

02 사례에서 시나리오를 수립하는 경우 최상의 시나리오를 선정한 이유와 근거는?

note

(3) 문제해결에 필요한 사고

문제를 해결하기 위해서는 전략적 사고, 분석적 사고, 발상의 전환, 내·외부자원의 활용이 필요하며 그 실행방법은 다음과 같다.

1) 전략적 사고를 해야 한다

현재 당면하고 있는 문제와 그 해결방법에만 집착하지 말고, 그 문제와 해결방안이 상위 시스템 또는 다른 문제와 어떻게 연결되어 있는지를 생각하는 것이 필요하다.

2) 분석적 사고를 해야 한다

전체를 각각의 요소로 나누어 그 요소의 의미를 도출한 다음 우선순위를 부여하고 구체적인 문제해결 방법을 실행하는 것이 요구된다. 분석적 사고는 문제가 성과 지향, 가설 지향, 사실 지향의 세 가지 경우와 같이 다음과 같은 사고가 필요하다.

① 성과 지향의 문제: 기대하는 결과를 명시하고 효과적으로 달성하는 방법을 사전에 구상하고 실행에 옮겨라.

② 가설 지향의 문제: 현상 및 원인분석 전에 지식과 경험을 바탕으로 일의 과정이나 결과, 결론을 가정한 다음 검증 후 사실일 경우 다음 단계의 일을 수행하라.

③ **사실 지향의 문제:** 일상 업무에서 일어나는 상식, 편견을 타파하여 객관적 사실로부터 사고와 행동을 출발하라.

3) 발상의 전환을 하라

발상은 흔히 전구에 불이 들어오는 이미지로 표현하는데, 어둡던 실내가 갑자기 환해지듯이, 발상은 막다른 골목에서 벗어날 길을 제시해 준다. 기존에 가지고 있는 사물과 세상을 바라보는 인식의 틀을 전환하여 새로운 관점에서 바로 보는 사고를 지향하라.

4) 내 · 외부자원을 효과적으로 활용하라

문제해결 시 기술, 재료, 방법, 사람 등 필요한 자원 확보 계획을 수립하고 내 · 외부자원을 효과적으로 활용하도록 해야 한다.

(4) 문제해결의 장애 요인

문제를 해결하는 데 장애가 되는 요소들은 조직이 직면한 상황과 담당하고 있는 업무의 특성에 따라서 굉장히 다양하게 나타날 수 있다. 이러한 장애 요인 중 가장 대표적인 경우는 다음과 같다.

1) 문제를 철저하게 분석하지 않는 경우

문제를 접한 다음 문제가 무엇인지 문제의 구도를 심도 있게 분석하지 않으면 문제해결이 어려워진다. 즉, 어떤 문제가 발생하면 본인의 직관에 의해 성급하게 판단하여 문제의 본질을 명확하게 분석하지 않고 대책을 수립하여 실행함으로써 근본적인 문제해결을 하지 못하거나 새로운 문제를 발생시키는 결과를 초래할 수 있다.

2) 고정관념에 얽매이는 경우

상황이 무엇인지를 분석하기 전에 개인적인 편견이나 경험, 습관으로 증거와 논리에도 불구하고 정해진 규정과 틀에 얽매여서 새로운 아이디어와 가능성을 무시해 버릴 수 있다.

3) 쉽게 떠오르는 단순한 정보에 의지하는 경우

문제해결에 있어 종종 우리가 알고 있는 단순한 정보들에 의존하는 경향이 있다. 단순한 정보에 의지하면 문제를 해결하지 못하거나 오류를 범한다.

4) 너무 많은 자료를 수집하려고 노력하는 경우

자료를 수집하는데 구체적인 절차를 무시하고 많은 자료를 얻으려는 노력에만 온 정열을 쏟는 경우가 있다. 무계획적인 자료 수집은 무엇이 제대로 된 자료인지를 알지 못하는 실수를 범할 수 있다.

Chapter 09

문제해결의 창의적 사고

09 Chapter

문제해결의 창의적 사고

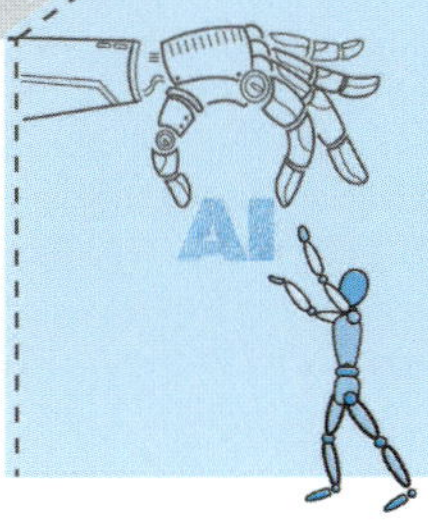

“4차 산업혁명 시대에 필요한 인재 길러야”

“인공지능(AI)과 사물인터넷(IoT)이 점점 발달하고 있습니다. 이를 도입한 새로운 교육방식을 개발해 창의적인 수업을 하지 못한다면 지금의 교사들은 AI에게 밀려 설 자리를 잃게 될 수 있습니다.”

폴 킴(Paul Kim) 미국 스탠퍼드대 교육대학원 부학장은 서울에서 열린 ‘2018 과학창의연례컨퍼런스’에서 “암기식 교육법을 고치지 않으면 4차 산업혁명 시대에 맞는 인재를 키울 수 있는 게 없다. 지금도 AI에 얼굴 이미지와 목소리만 입력하면 원하는 대로 움직이며 내용을 설명하게 만들 수 있다”며 “본인이 좋아하는 아이돌 가수의 이미지를 AI에 접목한 교사가 머지않아 탄생할 수 있다”고 말했다.

킴 부학장은 “인간이 AI 교사에게 밀리지 않으려면 지금보다 더 창의적인 수업을 구성할 수 있어야 한다”고 말했다. 킴 교수는 미국의 실리콘밸리에서 이뤄지는 한 수업의 사례를 들었다.

수업에선 의사가 심장 혈관을 내시경으로 보며 시술하는 상황을 연출하는 데 이때 학생들은 3D프린터로 심장을 비롯한 혈관을 제작하고 인체 모형 내부에 배치하는 식으로 인체를 재현한다. 학생들은 직접 짠 프로그램으로 내시경 카메라 영상을 보면서 문제를 파악하고 해결하는 작업을 하게 된다.

킴 부학장은 창의적인 수업과 함께 기본적인 지식을 전달하는 교육도 함께 강화해야 한다는 지적도 내놨다. “한국에서 대학수학능력시험이 중요한 것처럼 미국의 학부모나 학생들도 대학입학 자격시험(SAT)을 중요하게 생각한다. 기본적인 지식을 전달하는 교육과 창의적인 사고를 위한 교육을 적절히 융합해야 할 것”이라고 말했다. 이날 행사에 참석한 이갈 에를리히(Yigal Erlich) 이스라엘 요즈마그룹 회장은 “유대인이 왜 노벨상을 많이 받느냐는 질문을 많이 받는다. 그 근본에는 각자가 창의적으로 생각할 수 있도록 돕는 사고가 깔려 있다”고 말했다.

출처: 2018 동아사이언스.

대부분 사람은 창의력을 아주 특별한 사람만이 가지고 있다고 생각하고 자신과 무관한 능력으로 생각하고 있다. 그러나 직업인들에게 창의적 사고 능력은 문제해결의 기본적 요소이다. 과연 창의적인 사고는 무엇일까? 창의적인 사고는 사회나 개인에게 새로운 가치를 창출하는 능력으로 직업인들은 기본적으로 갖추어야 할 덕목으로 간주되고 있으며, 조직에서도 창의적인 사고를 하는 사람들을 찾고 선호하는 경향을 보인다. 그러나 사람들은 창의적 사고를 대단하게 생각하는 잘못된 편견을 가지고 있다. 하지만 창의적 사고는 누구에게나 있는 능력으로 일상생활에서 끊임없이 창의적 사고를 계속하고 있다. 다음 사례를 통해서 창의적 사고의 의미를 알아보도록 하자.

1. 창의적 사고의 정의

문제를 빠르게 해결했다고 해서 그 사람을 창의적이라고 할 수는 없다. 안 풀리는 문제, 해답이 많은 문제, 때로는 정답이 없는 문제를 해결하는 사람이야말로 창의적인 사람이라고 할 수 있다. 이렇듯 창의적인 사고란 당면한 문제를 해결하기 위해 이미 알고 있는 경험과 지식을 해체하여 다시 새로운 정보로 결합함으로써 가치 있고 참신한 아이디어를 산출하는 사고로서, 다음과 같은 의미를 포함하고 있다.

- 창의적인 사고는 발산적 사고로서, 아이디어가 많고, 다양하고, 독특한 것을 의미한다.
- 창의적인 사고는 새롭고 유용한 아이디어를 생산해 내는 정신적인 과정이다.
- 창의적인 사고는 통상적인 것이 아니라 기발하거나 신기하며 독창적인 것이다.
- 창의적인 사고는 유용하고 적절하며, 가치가 있어야 한다.
- 창의적인 사고는 기존의 정보(지식, 상상, 개념 등)들을 특정한 요구조건에 맞거나 유용하도록 새롭게 조합시킨 것이다.

2. 창의적 사고의 특징

창의적 사고는 다음과 같은 세 가지 특징을 보인다.

첫째, 창의적 사고란 정보와 정보의 조합이다.

여기에서 말하는 정보에는 주변에서 발견할 수 있는 지식(내부 정보)과 책이나 밖에서 본 현상(외부 정보)의 두 종류가 있다. 이러한 정보를 조합하고 그 조합을 최종적인 해답으로 통합해야 하는 것이 창의적 사고의 첫걸음이다.

둘째, 창의적 사고는 사회나 개인에게 새로운 가치를 창출한다.

창의적 사고는 개인이 갖춘 창의적 사고와 사회적으로 새로운 가치를 가지는 창의적 사고의 두 가지로 구분된다. 아이들의 창의적 사고는 어른들이 보기에는 보잘것 없어 보일 수도 있다. 하지만 아이들에게는 새로운 가치가 될 수 있는 것이다. 그리고 개인이 갖춘 창의력은 계발을 통해서 그 능력을 키울 수 있다.

따라서 단순히 사회에 대한 영향력이라고 하는 것 외에도 개인이 창의적 사고를 얼마나 발전시킬 수 있는가 하는 점도 생각할 필요가 있다.

셋째, 창의적 사고는 창조적인 가능성이다.

이는 "문제를 사전에 찾아내는 힘", "문제해결에 있어서 다각도로 힌트를 찾아내는 힘", "문제해결을 위해 끈기 있게 도전하는 태도" 등이 포함된다. 다시 말해서 "창의적 사고"에는 사고력을 비롯해서 성격, 태도에 걸친 전인격적인 가능성까지도 포함된다.

이러한 창의적인 사고는 창의력 교육훈련을 통해서 개발할 수 있으며, 모험심, 호기심, 적극적, 예술적, 집념과 끈기, 자유롭고 분방할수록 높은 창의력을 보인다.

창의적으로 사고하기

흔히 우리는 창의적인 사고에 대해 특별한 사람들만이 할 수 있는 대단한 능력이라고 생각한다. 하지만 우리는 일상생활 속에서 창의적인 사고를 끊임없이 하고 있다. 예를 들어, 일상생활에서 필요한 물건을 구입하고자 할 때 좋은 물건을 싸게 사기 위해서 많은 생각을 해 본 경험은 누구에게나 있을 것이다. 이것이 바로 창의적인 사고이다. 창의적 사고는 무에서 유를 만들어 내는 것이 아니라 끊임없이 참신한 아이디어를 산출하는 힘으로써, 필요한 물건을 싸게 사기 위해서 하는 많은 생각 역시 창의적 사고이다.

"걸레질하기 정말 싫었죠. 걸레질과 청소가 한 번에 되는 새로운 청소기는 없을까 생각했습니다" 평범한 주부에서 이제는 연매출 1,000억 원 대의 중견기업 대표가 된 한경희 대표의 스팀청소기 개발 이유이다.

또한 우리가 커피숍에서 흔히 사용하는 주름빨대는 일본의 한 주부가 병상에 누워 있는 아이에게 쉽게 물을 먹이기 위해 개발한 상품이다.

즉, 창의적인 사고는 노벨상을 수상할 만큼 위대한 창의적 사고에서부터 스팀청소기나 주름빨대처럼 일상생활의 사소한 부분의 창의적 사고까지 그 폭이 대단히 넓으며, 이런 면에서 우리는 매일매일 창의적 사고를 하고 있다고 볼 수 있다.

- 당신이 만약 쇳덩어리 하나를 있는 그대로 그냥 팔면 5달러 정도 받을 것이다.
- 만약 당신이 그 쇳덩어리를 가지고 말발굽을 만들어 판다면 10달러 50센트까지 가치를 높여 팔 수 있을 것이다.
- 그런데 말발굽 대신 바늘을 만들어 팔면 3,285달러를 받을 수 있을 것이고, 혹은 시계의 부속품인 스프링을 만들어 판다면 25만 달러 정도까지 그 값어치를 높일 수 있을 것이다.
- 5달러와 25만 달러의 차이, 이것이 바로 창의력인 것이다.

3. 창의적 사고와 발산적 사고

발산적(확산적) 사고란 하나의 점에서 펼쳐 나가듯이 사고가 확장되어 가는 의미로 창의적 사고의 또 다른 표현이다. 창의적 사고의 특징으로는 많은 조건에서 하나의 해답을 이끌어 내는 수렴적 사고와는 달리 발산적(發散的) 사고는 주어진 조건에서 가능한 한 많은 해답을 이끌어 내는 사고이며, 어떤 문제에 직면하였을 때 새롭고 의미 있는 착상을 만들어 내는 특징을 가지며 발산적 사고는 예술가, 과학자, 기술자에게만 나타나는 것은 아니며, 정도에 차이는 있지만 일반인이나 어린아이에게서도 볼 수 있다.

note

발산적 사고란?

'비주얼 씽킹'은 나의 생각을 간단한 그림으로 표현해 빠르게 전달할 수 있는 것인데, 우리나라에서 주목을 받게 된 것은 5년 정도밖에 되지 않았다.

비주얼 씽킹을 처음 접하면 '나는 그림을 잘 못 그리는데?'라고 생각하며 어렵게 느끼기 쉽다. 그러나 우리가 그림을 어렵다고 생각하게 된 것을 대부분 학교에 입학해 등수를 나누게 되어 평가하게 된 때부터이다. 일반적으로 우리가 생각하는 그림과 달리 비주얼 씽킹은 특별한 기술이 필요하지 않고 빠른 시간에 한 번에 그리는 것이 포인트이다.

이와 관련해 몇 가지 방법을 설명한 명혜리 교수는 우리는 매일 '비주얼 씽킹'을 한다고 설명하면서 그것은 바로 이모티콘이라면서 다소 생소한 분야를 쉽게 다가갈 수 있도록 해석했다. 비주얼 씽킹은 창의적 사고가 기반이 되어야 하는데 이를 위해서는 확산적 사고가 필요하다는 것이다.

우리는 1+1이 2라고 생각하지만 0이 될 수도 있고, 1 또는 3이 될 수 있는 예를 설명하면서 기본적 논리를 바탕으로 한 확산적 사고가 창의적 사고의 첫 단계라고 강조했다.

'낮에 생각한 것이 밤에 보인다'라는 중국 속담이 있는데 이는 꾸준한 노력이 영감으로 떠오른다는 것이므로 반복적인 사고와 노력으로 무에서 유를 만들어 낼 수 있을 것이다.

출처: TV report [권영찬 닷컴].

[발산적 사고의 연습]

발산적 사고를 하기 위해서는 일차적으로 하나의 생각에서 다른 생각을 지속적으로 떠올리는 습관이 중요하다. 다음 예를 참고하여 주어진 규칙에 따라 제시된 단어에서 연상되는 단어를 제시해 보자.

01 다음 주제와 상반되는 개념을 적어 보자.

예) 산-바다

인공지능 ______________________________

사물인터넷 ______________________________

02 다음 주제와 시간적 · 공간적으로 가까운 개념을 적어 보자.

예) 산-강, 숲, 녹색

인공지능 ______________________________

사물인터넷 ______________________________

4. 창의적 사고 개발방법

흔히 사람들은 업무를 수행할 때 기존과 같은 생각과 방법으로 해결하려는 경향이 있다. 그러나 같은 문제에 직면하더라도 얼마나 새롭고 다양한 아이디어를 얻느냐에 따라 그 성과는 많은 차이가 난다. 업무 성과를 높일 수 있는 창의적 사고의 개발방법에 대하여 알아보자.

창의적인 사고는 문제에 대해서 다양한 사실을 찾거나 다채로운 아이디어를 창출하는 발산적 사고가 요구된다. 이러한 발산적 사고를 개발하기 위한 방법으로는 자유연상법, 강제연상법, 비교발상법 등이 있으며, 다음과 같이 요약할 수 있다.

방법	내용	예
자유연상법	생각나는 대로 자유롭게 발상	브레인스토밍
강제연상법	각종 힌트에 강제적으로 연결지어서 발상	체크리스트
비교발상법	주제의 본질과 닮은 것을 힌트로 발상	NM법, 시네틱스

(1) 자유연상법

자유연상법은 어떤 생각에서 다른 생각을 계속해서 떠올리는 작용을 통해 어떤 주제에서 생각나는 것을 계속해서 열거해 나가는 발산적 사고 방법이다. 예를 들어, "신차 출시"라는 주제에 대해서 "홍보를 통해 판매량을 늘린다", "회사 내 직원들의 반응을 살핀다", "경쟁사의 자동차와 비교한다" 등 자유롭게 아이디어를 창출하는 것으로 이는 다음 그림과 같다.

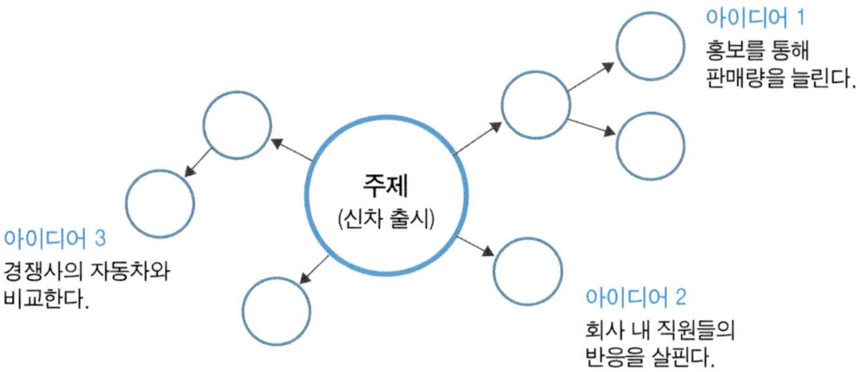

1) 브레인스토밍

구성원의 생각을 최대한 끌어내려면 발산적 사고를 가져야 한다. 이러한 사고를 하는 사람들을 생각이 끊임없이 일어나며 다양한 형태로의 사고의 확장이 가능하며 아이디어가 넘쳐난다. 이러한 발산적 사고를 가능하게 하는 대표적인 기법이 브레인스토밍(Brain Storming)법이다.

브레인스토밍은 미국의 알렉스 오즈번(Alex Osborn)이 고안한 그룹발산기법으로, 창의적인 사고를 위한 발산방법 중 가장 흔히 사용되는 방법이다. 브레인스토밍은 집단의 효과를 살려서 아이디어의 연쇄반응을 일으켜 자유분방한 아이디어를 내고자 하는 것으로, 진행 방법은 다음과 같다.

[진행방법]

① 주제를 구체적이고 명확하게 정한다.

논의하고자 하는 주제가 구체적이고 명확하게 주어질수록 많은 아이디어가 도출될 수 있다. 예를 들어, "현장 사고를 줄이기 위해서는"이라는 주제보다는 "구성원 전원에게 안전 헬멧을 착용하는 방법"이라는 주제가 주어졌을 때 좋은 아이디어가 나오기 쉽다.

② 구성원의 얼굴을 볼 수 있는 좌석 배치와 큰 용지를 준비한다.

구성원의 얼굴을 볼 수 있도록 사각형이나 타원형으로 책상을 배치해야 하고, 칠판에 모조지를 붙이거나, 책상 위에 큰 용지를 붙여서 아이디어가 떠오를 때마다 적도록 하는 것이 바람직하다.

③ 구성원의 다양한 의견을 도출할 수 있는 사람을 리더로 선출한다.

브레인스토밍 시에는 구성원들이 다양한 의견을 제시할 수 있는 편안한 분위기를 만드는 리더를 선출해야 한다. 직급이나 근무경력에 따라서 리더를 선출하는 것은 딱딱한 분위기를 만들 수 있기 때문에 분위기를 잘 조성할 수 있는 사람을 직급에 관계없이 리더로 선출해야 한다. 특히 리더는 사전에 주제를 잘 분석하고 다양한 아이디어를 산출할 수 있도록 하는 방법들을 연구해야 한다.

④ 구성원은 다양한 분야의 사람들로 5~8명 정도로 구성한다.

브레인스토밍을 위한 적정한 인원은 5~8명 정도가 적당하며, 주제에 대한 전문가를 절반 이하로 구성하고, 그 밖에 다양한 분야의 사람들을 참석시키는 것이 다양한 의견을 도출하는 지름길이다.

⑤ 발언은 누구나 자유롭게 할 수 있도록 하며, 모든 발언 내용을 기록한다.

브레인스토밍 시에는 누구나 무슨 말이라도 할 수 있도록 해야 하며, 발언하는 내용은 요약해서 잘 기록함으로써 내용을 구조화할 수 있어야 한다.

⑥ 아이디어에 대한 평가는 비판해서는 안 된다.

제시된 아이디어는 비판해서는 안 되며, 다양한 아이디어 중 독자성과 실현 가능성을 고려해서 아이디어를 결합하여 최적의 방안을 찾아야 한다.

[브레인스토밍의 4대 원칙]

① 비판엄금(Support)

브레인스토밍의 특징은 개방에 있다. 비판은 커뮤니케이션의 폐쇄와 연결된다. 평가단계 이전에 결코 비판이나 판단을 해서는 안 되며, 평가는 나중까지 유보한다.

② 자유분방(Silly)

무엇이든 자유롭게 말한다. 이런 바보 같은 소리를 해서는 안 된다는 등의 생각은 하지 않아야 한다.

③ 질보다 양(Speed)

질에는 관계없이 가능한 한 많은 아이디어를 생성해 내도록 격려한다. 양(量)이 질(質)을 낳는다는 원리는 많은 아이디어를 생성해 낼 때 유용한 아이디어가 들어 있을 가능성이 더 커진다는 것을 전제로 한다. 브레인스토밍 활동을 할 때는 시간을 정해 주거나 아이디어의 개수를 정해 주기도 한다. 이는 두뇌를 긴장시켜 빠른 시간에 많은 아이디어를 생성하도록 유도하는 것이다.

④ 결합과 개선(Synergy)

다른 사람의 아이디어에 자극되어 보다 좋은 생각이 떠오른다. 서로 조합하면 재미있는 아이디어가 될 것 같은 생각이 떠오른다. 그런 생각이 들면 즉시 조합시킨다. 얻은 힌트를 헛되게 해서는 안 된다.

(2) 만다라트법

만다라트법은 1987년 일본의 디자이너 이마이즈미 히로아키가 고안했는데 본질을 뜻하는 만달(Mandal), 소유를 뜻하는 라(Ra), 기술을 의미하는 아트(Art)가 합성된 '목적을 달성하는 기술 혹은 틀'이라는 뜻을 가진 아이디어 발상 기법이다.

이 기법은 대개 목표를 계획하거나 아이디어를 구체화할 때 쓰는 기법으로 먼저 가장 큰 주제를 세우고, 이에 대한 해결점, 아이디어를 확산해 나가는 형태로 생각을 더욱 쉽게 정리하여 목표를 달성하는 데 도움이 되다.

아이디어를 확산해 나가기 위해서 먼저 81개의 정사각형으로 이루어진 틀을 만들고, 정중앙에는 목표나 문제를 적고, 이를 달성하기 위해 필요한 아이디어를 주변의 8개 블록에 채워 나간다. 다음은 8개 아이디어가 다시 목표가 되고 그것을 주변 9×9 정사각형 중앙에 적고, 이를 달성하기 위한 아이디어를 구체적으로 채워 나간다. 이렇게 확장해 나가면 총 8×8, 64개의 아이디어가 도출된다.

몸 관리	영양제 먹기	FSQ 90kg	인스텝 개선	몸통강화	축을 흔들리지 않기	각도를 만든다	공을 위에서 던진다	손목강화
유연성	몸 만들기	RSQ 130kg	릴리즈 포인트 안정	제구	불안정함을 없애기	힘 모으기	구위	하체 주도로
스태미나	가동역	식사: 저녁 7수저(가득) 아침 3수저	하체강화	몸을 열지 않기	멘탈 컨트롤하기	볼을 앞에서 릴리즈	회전수업	가동역
뚜렷한 목표, 목적을 가진다	일희일비 하지 않기	머리는 차갑게 심장은 뜨겁게	몸 만들기	제구	구위	축을 돌리기	하체강화	체중증가
핀치에 강하게	멘탈	분위기에 휩쓸리지 않기	멘탈	8구단 드래프드 1순위	스피드 160km/h	몸통강화	스피드 160km/h	어깨주위 강화
마음의 파도를 만들지 말기	승리에 대한 집념	동료를 배려하는 마음	인간성	운	변화구	가동역	라이너 캐치볼	피칭을 늘리기
감성	사랑받는 사람	계획성	인사하기	쓰레기 줍기	부실 청소	카운트볼 늘리기	포크볼 완성	슬라이더의 구위
배려	인간성	감사	물건을 소중히 쓰자	운	심판을 대하는 태도	늦게 낙차가 있는 커브	변화구	좌타자 결정구
예의	신뢰받는 사람	지속력	플러스 사고	응원 받는 사람이 되자	책 읽기	직구와 같은 폼으로 던지기	스트라이크에서 볼을 던지는 제구	거리를 이미지한다

사례연구 1

[목표: 취업에 성공하려면]

	A			B			C	
			A	B	C			
	H		H	목표	D		D	
			G	F	E			
	G			F			E	

A: ______________________________

B: ______________________________

C: ______________________________

D: ______________________________

E: ______________________________

F: ______________________________

G: ______________________________

H: ______________________________

(3) 강제연상법

강제연상법은 각종 힌트에서 강제적으로 연결지어서 발상하는 방법이다. 예를 들어, "신차 출시"라는 같은 주제에 대해서 판매방법, 판매대상 등의 힌트를 통해 사고 방향을 미리 정해서 발상을 하는 방법이다. 이때 판매방법이라는 힌트에 대해서는 "신규 해외수출 지역을 찾는다"라는 아이디어를 떠올릴 수 있을 것이다. 이러한 강제연상법은 다음 그림과 같다.

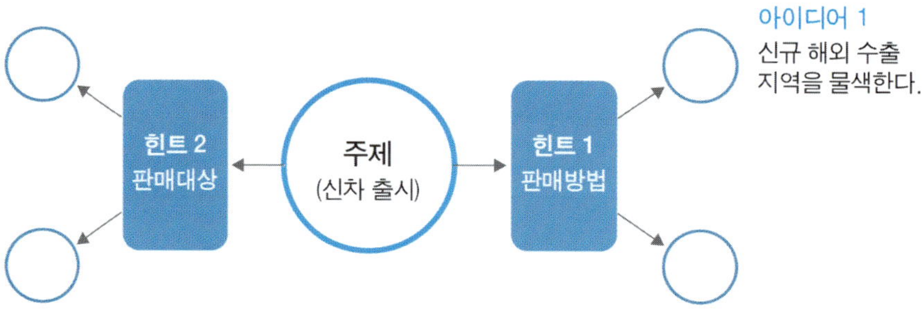

1) 체크리스트법

아이디어 산출을 위한 체크리스트(checklist)는 사고의 출발점 또는 문제해결의 착안점을 미리 정해 놓고 그에 따라 다각적인 사고를 전개함으로써 능률적으로 아이디어를 얻는 방법이다.

'동일한 목적을 달성할 수 있는 또 다른 수단과 방법 등은 없을까?' 하는 문제들에 대해 구체적인 방향을 제시하는 방법으로 교육현장에서 많이 사용되고 있는 발명의 십계명과 거의 유사한 형태를 이루고 있다.

이 방법은 발상 아이디어에 대해 넓은 각도로 점검해 나갈 방법으로 개인 기법으로 아이디어를 창안하는 데 널리 이용되고 있다. 체크리스트법은 브레인스토밍을 만든 알렉스 오즈번이 고안한 발상법이다. 아이디어가 막히거나 벽에 부딪혔을 때 리스트를 보면서 미처 발견치 못한 것을 떠올릴 수 있다. 다각적인 시각인 사고를 할 수 있게 한다.

① 전용(Put to other uses): 다른 용도로 쓸 수 없는가?

- 변경 없이 새로운 용도로 쓸 수 없을까?
- 개선/개량해서 쓸 수 있는 용도는?

② 대응(Adapt): 다른 아이디어를 빌리면 어떤가?

- 이것과 비슷한 다른 것은 없을까?
- 뭔가 다른 아이디어를 반영할 수 없을까?

③ 변경(Modify): 바꾸면 어떤가?

- 의미, 색, 움직임, 소리, 향기, 양식, 모양 등을 바꿀 수 없을까?

④ 확대(Magnify): 확대해 보면 어떤가?

- 더욱 크게, 강하게, 높게, 길게, 두껍게
- 시간은, 빈도는, 부가가치는, 재료는?

⑤ 축소(Minify): 축소하면 어떨까?

- 더욱 작게, 가볍게, 낮게, 짧게
- 생략할 수 없나?

⑥ 대체(Substitute): 대체하면 어떤가?

- 다른 것에 대용할 수 없을까?
- 다른 소재나 다른 접근은?

⑦ 교체(Rearrange): 교체하면 어떤가?

- 요소를 바꾸면?
- 다른 순서는?

⑧ 역전(Reverse): 뒤집어 보면 어떤가?

- 상하, 좌우를 뒤집어 보면?
- 역할을 반대로 하면?

⑨ 결합(Combine): 결합해 보면 어떤가?

- 섞어 보면?
- 목적을 결합하면?

(4) '5Why' 기법

'5Why' 기법은 어떤 문제에 대한 근본적인 원인과 핵심에 대해 구체적으로 질문하면서 문제를 해결해 나가는 기법이다. 5번의 Why를 통하여 표면으로 나타나는 이유가 아닌 진정한 원인을 찾아내어 명확한 원인을 발견하는 것인데 '왜'라는 질문을 통해 깊이 파고들면서 문제해결을 염두에 두고 반복하는 것이다.

[5WHY 기법 활용사례]

미국 워싱턴에는 토머스 제퍼슨(Thomas Jefferson) 기념관이 있는데 이 자랑스러운 기념관의 대리석이 심하게 부식하는 일이 발생했다. 방문객들은 관리 부실을 문제 삼아 민원을 제기했고 기념관의 이미지는 날로 악화되었다. 값비싼 대리석을 사용했는데도 부식은 빠르게 진행됐다.

이를 이상하게 여긴 기념관장은 다음과 같은 의문을 가졌다.

"왜 대리석들이 저렇게 빨리 부식되는 걸까?"

돌아온 대답은 간단했다. 대리석을 세제로 자주 닦았기 때문이다.

기념관장은 한 번 더 질문을 던졌다.

"그렇다면 왜 대리석이 부식될 만큼 세제로 자주 닦는 걸까?"

예상치 못한 답이 나왔다. 기념관에 많은 비둘기의 배설물로 인해 자주 세제로 닦아 줘야 했던 것이다.

관장은 또 질문했다.

"그렇다면 왜 기념관에 비둘기가 많은 걸까?"

바로 비둘기의 먹잇감인 거미가 많았기 때문이다.

"왜 하필 기념관에 거미가 많을까?"

해가 지기 전 주변보다 전등을 먼저 켜서 거미의 먹이인 나방이 불빛을 보고 많이 몰려들기 때문이다.

"왜 해가 지기 전에 전등을 주변보다 먼저 켜는 걸까?" 이유는 간단했다. 기념관 직원들이 일찍 퇴근하기 때문이다.

대답을 얻은 토머스 제퍼슨 기념관은 불을 켜는 시간을 늦춤으로써 대리석의 부식을 근본적으로 막을 수 있었다. 기념관장이 만약 당장 눈앞의 대리석 보수공사만 진행했다면 계속되는 부식에 많은 재원이 낭비됐을 것이다.

끝없이 '왜'라는 질문을 던진 기념관장이 결론을 도출해 낸 이런 사고방식을 '5Why 기법'이라고 한다. 바로 문제의 현상만을 보지 않고 지속적인 물음으로 본질을 찾는 것이다.

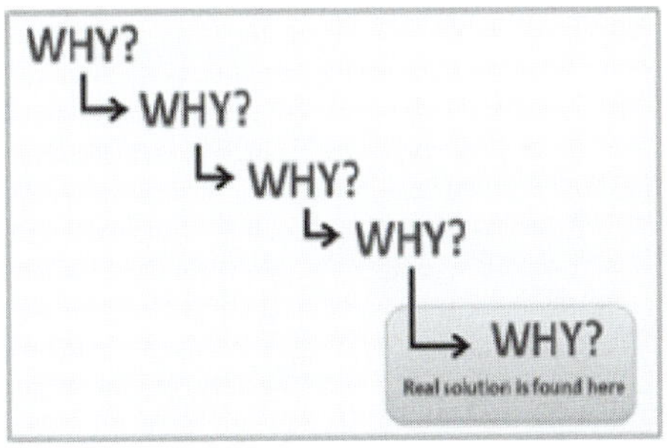

Chapter **10**

문제해결의 합리적 사고

10 Chapter

문제해결의 합리적 사고

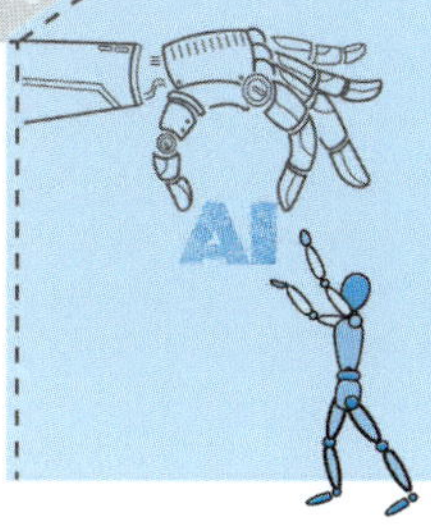

2018 비판적 사고 세계 90위, WEF가 바라본 韓國의 혁신추진 역량

동물의 왕을 뽑기 위해 세상의 모든 동물이 한자리에 모였다.
육지 동물들은 사자를, 새들은 독수리를, 물고기들은 고래를 왕으로 추대했다.
한 치도 물러섬이 없이 자신들을 대표하는 동물이 왕이 되기를 원했다.
서로를 비판하는 과정에서 동물들은 사자, 독수리, 고래는 전체 동물을 대표하기에는 치명적인 약점이 있다는 사실을 알게 되었다.

사자는 하늘과 물에서 살 수가 없었다.
독수리는 하늘에서만 강하고 물에서는 살 수 없었다.
고래는 물 밖의 생활 자체가 불가능했다.

그래서 동물들은 육지, 하늘, 물의 세 지역에서 모두 살 수 있는 동물을 왕으로 선택하기로 했다.
그 결과 어이없게도 오리가 왕으로 추대받았다.
똑똑한 사람들이 내리는 바보 같은 의사결정이다.

위의 사례에 대한 다음 질문에 대하여 각자의 생각을 정리하고, 자신의 의견을 팀원들과 공유하자.

01 위의 결정은 무엇이 어떻게 잘못된 것일까?

---

02 위에서 가장 중요한 핵심은 무엇이며, 합리적으로 의사결정을 하기 위한 방법은 어떠한 것이 있을까?

---

1. 합리적 사고의 정의

현명한 결정이나 판단은 조직의 리더나 정책 결정 시에만 내려야 되는 것은 아니다. 사람은 누구나 직장생활이나 사회생활에서 수많은 '선택'의 순간을 맞이하고, 의사결정을 내려야 될 때가 있다. 직장생활에서 두 가지 이상의 업무가 중복되어 우선순위를 정해야 될 때나, 이직을 결심하거나, 다른 사람이 무리한 요구를 할 때 거절의 의사표시를 하는 등의 경우가 있다. 또한 일과 생활의 균형(Work-Life Balance) 문제가 화두로 되고 있는 요즈음에는 이 둘 간의 균형을 유지하기 위한 의사결정을 해야 할 경우가 증가하고 있다.

합리적 사고란 주어진 사실에 근거하여 객관적이고 보편적인 기준에 따라 정확하고 공정한 판단을 내리고, 논리적으로 일관성 있게 주장하는 것을 말한다. 합리적 사고를 위해서는 기존 방식에 대한 끊임없는 자기비판과 대안 제시의 과정이 필요하며, 주어진 정보와 추론에 무조건 의지하지 않고, 여러 대안을 비교함으로써 가장 적절한 해결방안을 구할 수 있다.

어떠한 의사결정을 내렸느냐에 따라서 작게는 개인의 일시적인 시간 낭비나 재정 지출이 있을 수도 있지만 크게는 인생 경로가 바뀌게 되며, 조직 전체의 운명이 좌우되기도 한다. 따라서 합리적인 의사결정 과정을 통해 문제의 본질을 파악하고 최적의 대안을 선정할 필요가 있다.

사례연구 1

벤자민 프랭클린의 합리적 사고

유명한 과학자 조지프 프리스틸리(Joseph Priestley)는 두 가지 대안을 놓고 고민하던 끝에 미국 건국의 아버지이자 가장 지혜롭다는 벤자민 프랭클린(Benjamin Franklin)에게 의사결정에 대한 도움을 청했다. 얼마 뒤, 프랭클린으로부터 편지가 왔다. 내용은 대략 이러했다.

「사람은 종종 어려운 결정을 내려야 하는 순간에 직면하곤 하지. 그 문제를 심사숙고하는 동안에는 대부분 칭찬과 반대에 대한 이유가 한꺼번에 머릿속에 떠오르지 않아 문제해결이 더욱 어려운 것 같네.

이런 복잡한 문제를 해결해야 할 때 나는 종이 한 장을 가져다 가운데 줄을 그어 반으로 나눈 다음 한쪽 칸에는 찬성을, 다른 한쪽 칸에는 반대를 적은 뒤 며칠 동안 고민하면서 그 때마다 떠오르는 생각을 각각의 난에 기록한다네.

이런 식으로 찬성과 반대의 이유를 한 곳에 적어 놓고 각각의 이유에 대한 중요성을 평가해 본다네. 그리고 찬반 양쪽에 메모한 생각이 동일하다고 판단되면 두 가지 생각을 제외시켜 버리지. 찬성 쪽에 쓴 한 가지 이유가 반대쪽에 쓴 두 가지 이유와 동일하다고 판단될 때는 세 가지 모두 지운다네. 마찬가지로 반대쪽에 쓴 두 가지 이유가 찬성 쪽에 쓴 세 가지 이유와 동일하다고 판단되면 다섯 가지를 모두 지운다네.

이 과정을 반복하다 보면 결국 찬성과 반대 의견이 어느 쪽으로 기우는 지 분명히 드러나게 된다네. 아무쪼록 가장 좋은 의사결정을 내리길 바라네. 「벤자민 프랭클린」

출처: 피커 드러커 의사결정의 순간.

가장 지혜로운 미국인

벤자민 프랭클린

Benjamin Franklin

100달러 지폐에 있는 초상(肖像)의 주인공,
피뢰침을 발명한 과학자,
미국의 독립을 이끌어내고 헌법의 기초를 마련한 정치인,
그리고 성공한 사업가이자 사회개혁가,
그는 '가장 지혜로운 미국인' 이라고 불리는 벤자민 프랭클린이다.

[팀 활동]

벤자민 프랭클린의 합리적 의사결정 방식에 대해 생각해 보자.

01 위의 의사결정에 필요한 자원들은 무엇이 있는가?

---

02 위와 같은 방식의 의사결정은 어떤 장점과 유용함이 있는가?

---

2. 합리적 사고 과정

사람이라면 누구나 문제에 직면하게 되고 또 해결책을 찾아야 함은 두말할 나위 없는 사실이다. 따라서 문제해결 능력은 직장인이면 누구나 갖추어야 할 기본 소양이라 할 수 있다. 특히 해결방안에 대한 목표를 정하여 몇 가지 대안을 찾아보고 가장 실행 가능한 최상의 방법을 선택하는 합리적인 사고 과정은 매우 중요하고 필요한 역량이다.

(1) 합리적 사고 과정

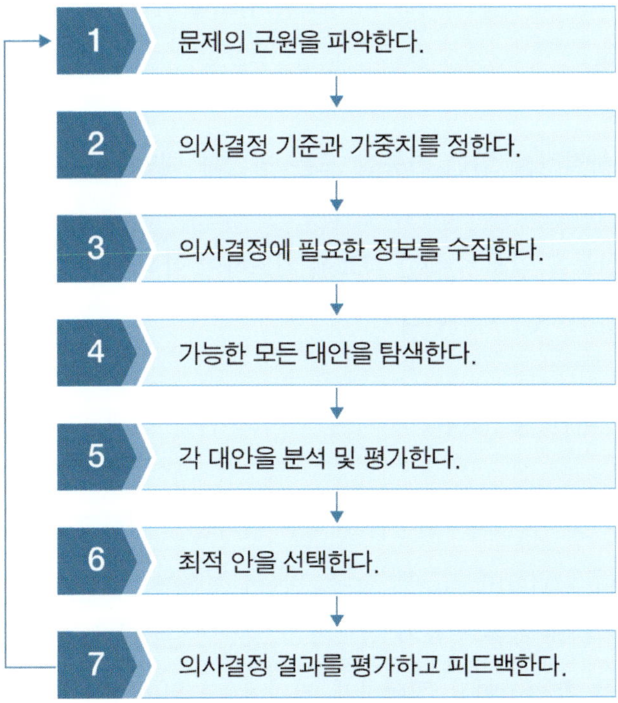

합리적 사고 과정

1) 합리적 사고를 위해 어떤 문제의 의사결정에 앞서서 발생된 문제가 어떤 원인에 의한 것인지, 문제의 특성이나 유형은 무엇인지를 파악한다.

2) 합리적 사고를 위한 의사결정의 기준과 가중치를 정한다. 이 단계에서는 개인의 관심, 가치, 목표 및 선호에 따라 의사결정을 할 때에 무엇을 중요하게 생각하고 중요한지가 결정된다. 즉, 사람에 따라 어떤 사람은 매우 적절하다고 생각하는 기준이나 가치가 다른 사람에게는 그렇지 않을 수 있다. 사람에 따라서는 일하는 방식이나 생활 방식이 맞지 않는 경우도 있다.

3) 의사결정에 필요한 정보를 수집한다. 의사결정을 위해서는 판단의 자료가 필요하다. 그러나 이러한 자료를 너무 많이 수집할 경우에는 시간이나 비용의 소모가 크며, 너무 적게 수집하면 다각도로 검토할 수가 없으므로 적절히 수집할 필요가 있다.

4) 합리적 의사결정을 위한 가능한 모든 방법과 대안을 찾는다.

5) 가능한 대안들을 앞서 수집한 자료에 기초하여 합리적인 의사결정 기준에 따라 장단점을 분석하고 평가한다.

6) 여러 가지 대안 중 합리적인 가장 최적의 안을 선택하거나 결정한다.

7) 합리적 사고를 위한 의사결정을 내리면 결과를 분석하고 다음에 더 좋은 의사결정을 내리기 위하여 피드백 한다. 의사결정자는 자기 탐색의 과정을 거쳐서 의사결정 기준을 세울 필요가 있으며, 가능한 모든 평가 기준과 대안들을 찾고, 각 대안들을 객관적이고 정확하게 평가할 수 있어야 한다.

(2) 문제의 특성 분석

문제의 특성을 분석할 때, 제일 먼저 해야 할 일은 문제에 관한 기본적 정보를 종합적으로 수집, 정리하고 이를 기초로 문제의 본질을 이해하는 것이다. 문제의 본질을 정확하게 이해해야만 문제의 원인을 정확하게 찾아낼 수 있고, 문제를 해결하기 위한 효과적인 아이디어를 개발할 수 있다. 그러므로 문제의 본질을 분석하는 일은 문제의 진단 과정에서 가장 중요한 부분이다.

- 문제는 언제, 어디서, 왜 발생하였는가?
- 문제를 해결하지 않으면 어떤 영향을 주는가?
- 문제에 관련된 사람들은 누구인가?
- 문제에 관련된 사람들의 이해관계는 어떠한가?
- 문제의 목표는 무엇인가?
- 문제와 유사한 사례들은 어떤 것이 있는가?
- 문제는 어떻게 변화하고 있는가?

문제에 관련된 모든 정보, 사실, 가정은 사람이 만든 것이기 때문에 오류가 있을 가능성이 높다. 그래서 문제에 관련한 정보와 사실들을 객관적으로, 과학적으로 점검하면서 문제의 본질을 정확히 이해하고 분석하는 것이 중요하다. 문제의 본질을 분석할 때는 개인보다는 그룹으로 함께하는 것이 중요하다.

(3) 문제의 원인 분석

문제의 본질을 이해한 다음에는, 문제를 일으키는 원인을 정확하게 찾아내야 한다. 문제의 원인을 정확하게 찾아내지 못하면 문제의 해결방안을 찾을 수 없기 때문에 문제해결은 실패하게 된다. 문제 원인을 분석하는 과정에서 가장 주의해야 할 일 중 하나는 문제의 책임소재에 너무 집착하지 않는 것이다. 문제의 원인을 분석하는 과정에서 책임소재를 따지면 원인을 정확하게 분석하지 못할 가능성이 발생한다. 그러므로 원인을 분석할 때는 무엇(what)이, 왜(why) 발생하였는지에 집중하여 분석하고, 누가(who) 책임을 져야 하는지에 대해서는 미루는 것이 바람직하다.

사례연구 2

나이키와 구글의 경쟁상대

몇 년 전 '나이키의 경쟁상대는 닌텐도다'라는 책이 세인들의 관심을 끌었다. 세계 최고의 스포츠 브랜드인 나이키가 왜 같은 업종에 속한 아디다스, 리복 등이 아닌 전혀 상관없을 것 같은 게임기 업체 닌텐도를 경쟁자로 여기고 있는 것일까?

의외로 답은 간단하다. 나이키의 주 고객은 바로 청소년들인데 만약 이들이 닌텐도 게임에 정신이 팔려 게임에만 몰두하게 되면 집 밖으로 운동을 즐기러 나가는 시간이 줄어들게 될 것이기 때문이다. 결국 운동화를 신을 시간이 줄어들면 그만큼 나이키는 매출에 지장을 받을 수밖에 없다. 단순한 신발업체 간의 경쟁이 아닌 스포츠업체와 게임업체가 서로 경쟁하고 있다.

그렇다면 세계 최고의 할인 유통점인 월마트의 경쟁상대는 누구일까? 월마트는 세계 최고의 검색 업체인 구글을 예의 주시하고 있다. 왜냐하면 구글이 만든 쇼핑폰이 상품 바코드에 갖다 대기만 하면 위치정보, 검색기능을 통해 인근에서 가장 싸게 판매하는 매장을 안내해 줄 수 있기 때문이다. 즉, 구글에서 월마트보다 저렴한 가격에 파는 곳을 검색해 보면 월마트가 지금까지 이어 온 'Every Day Low Price'라는 이미지가 무너질 수 있다는 것이기 때문이다.

출처: 장재윤, '나이키의 경쟁상대는 닌텐도다'.

[팀 활동]

01 위의 사례에서 경쟁상대를 분석할 때 동종 업체가 아닌 타 업종에서 경쟁상대를 찾을 수 있었던 이유는 무엇일까?

---

02 위와 같은 방식에 의한 분석은 어떤 장점과 유용함이 있는가?

---

3. 합리적 사고의 특징

문제해결과 관련한 마지막 해결방안은 문제해결의 성공과 실패를 나타내는 최종 지표라 할 수 있다. 그런데 사람들마다 합리적인 의사결정의 순간에 각기 다른 성향과 특징이 나타나게 된다. 의사결정의 유형별 특징을 통해 직장생활과 사회생활에서 지혜롭고 신중한 의사결정을 할 수 있다.

합리적 사고의 유형별 특징

사고유형	의사결정의 유형별 특징
합리적 유형	의사결정을 전체적이고 종합적인 시각에서 볼 수 있다. 자신의 상황에 대한 정확한 정보를 수집하고 논리적으로 결정을 내리고 그 결정에 대해 책임을 진다. ① 의사결정이 신중하고 합리적이다. ② 심리적 독립과 성장에 도움이 된다. ③ 잘못되거나 실패할 확률이 낮다. ④ 의사결정에 시간이 걸린다.
직관적 유형	미래를 별로 고려하지 않고 현재의 감정에 주의를 기울인다. 정보 탐색이나 논리적인 평가 없이 상상과 정서적 자각에 기초해서 결정을 내리지만 그 결정에 대해서는 책임을 진다. ① 의사결정이 즉흥적이고 감정적이다. ② 스스로의 선택에 책임을 진다. ③ 잘못되거나 실패할 확률이 높다. ④ 의사결정이 신속하고 빠르다.
의존적 유형	사회적 안정에 대한 욕구가 강하고 의사결정 상황이 여러 가지에 제한받는다고 생각한다. 의사결정 과정에서 타인에 의한 영향을 많이 받고 결정에 대한 책임을 부정한다. ① 의사결정이 수동적이고 순종적이다. ② 개인적 독립이나 성숙을 방해한다. ③ 실패했을 땐 남의 탓을 한다. ④ 결정을 내릴 때 정서적으로 불안을 내린다.

4. 합리적 사고 개발

기업들은 생존과 경쟁을 위해서 수많은 문제를 해결하고 합리적인 의사결정을 해야 한다. 특히 모든 것이 급격하게 변화하고 있는 경영환경 속에서 기업들은 과거에 경험하지 못한 수많은 문제를 해결해야 한다. 이러한 문제를 어떻게 찾아내고, 해결하느냐에 따라서 기업의 경쟁력이 결정된다. 따라서 기업에서의 당면한 문제해결을 위한 합리적인 의사결정 능력은 어느 때보다 중요해지고 있다.

(1) 합리적 의사결정 방법

이처럼 중요한 문제들을 어떻게 해야 하는가? 모든 문제해결과 의사결정은 네 단계 과정을 거쳐 수행되어야 한다. 허버트 사이먼(Herbert Simon)의 의사결정 모델은 다양한 형태의 문제해결과 의사결정 모델들로 발전하였다.

1) 사이먼의 의사결정 모델

1. 문제를 찾는 탐색단계 (Intelligence)
2. 대안을 개발하는 설계단계 (Design)
3. 대안을 선택하는 선택단계 (Choice)
4. 대안을 추진하는 실행단계 (Implementation)

[의사결정 모델]

① 탐색단계: 해결해야 할 문제를 찾아내고 분석하는 단계

② 설계단계: 분석한 문제를 해결하기 위한 대안을 개발하는 단계

③ 선택단계: 개발된 대안 중에서 최적의 대안을 선택하는 단계

④ 실행단계: 선택한 대안을 실행하는 단계

2) 의사결정 스타일

동일한 사안이나 상황이라도 이를 받아들이는 의사결정자의 스타일 때문에 문제해결과정이나 결과가 달라질 수 있다. 특히 의사결정자의 스타일은 기회탐색 유형에 큰 영향을 준다. 혁신적이고 진취적인 의사결정자는 끊임없이 개선하고 변화하려는 노력을 하는 반면, 현실에 만족하는 사람은 목표를 달성하면 더 이상의 새로운 고민을 하지 않는다.

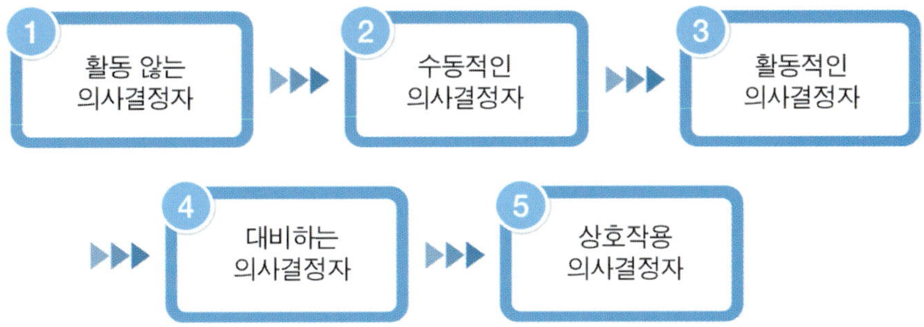

의사결정 스타일

① 활동 않는 의사결정자

어떤 문제가 발생했을 때 그 문제를 해결하기보다는 문제를 무시하고 피하려는 의사결정자이다. 이런 의사결정자는 현안을 수행하는 데만 관심이 많고, 문제해결과 동기부여도 전혀 없는 특징을 보인다.

② 수동적인 의사결정자

문제에 대해서 위협을 느끼고 해결을 하고자는 하나 과거의 해결방식을 이용해서 문제를 해결하려는 수동적인 의사결정자이다. 이런 의사결정자는 현재 상태가 흔들리는 것을 싫어하고, 문제를 해결하기 위해서 약간의 변화만 취하려는 특징을 보인다.

③ 활동적인 의사결정자

기업과 조직에서 문제를 끊임없이 찾아다니면서 현 상태에 도전을 하고 새로운 변화를 추구하면서 문제를 해결하려는 특징을 보인다. 이들 의사결정자들은 위기상황에서 뛰어난 능력을 보이며, 문제를 적으로 여긴다.

④ 대비하는 의사결정자

앞으로 발생할 수 있는 문제를 예측하고 그에 대한 대응방안을 만들려는 의사결정자이다. 이 의사결정자는 미래 상황을 예측해서 그에 따른 문제와 기회를 찾아내어 다양한 대안을 만들고, 사전에 대비하려는 경향을 보인다. 이들 역시 문제를 적으로 여긴다.

⑤ 상호작용 의사결정자

미래의 문제를 예측해서 풀어 내기보다는 미래에 문제가 발생하지 않도록 현재 문제를 해결하려는 의사결정자이다. 앞의 네 종류의 의사결정자와는 달리 문제를 단순한 적이 아닌 기회와 적으로 동시에 보는 시각을 갖고 있으며, 이 방식은 참여적이고 전체적인 관점에서 접근하기 때문에 매우 유연한 문제해결 방식을 가지고 있다.

(2) 합리적 의사결정

1) 합리적 질문법

합리적인 의사결정을 위한 끊임없는 노력은 아무리 강조해도 지나치지 않다. 효과적인 노력의 실효성을 위해 5W 1H의 질문법을 스스로 되새기며 반복하는 습관을 갖는다.

5W 1H 질문법

5W 1H	질문 형태	체크 포인트
Why	왜 하는가? (목적)	그것을 중지할 수 없는가? 일부를 변경하면 어떨까?
When	언제 할 것인가? (시기, 시간)	시기를 바꿀 수 없는가? 동시에 할 수 없는가?
Who	누가 하는가? (사람, 부서)	사람을 바꿀 수 없는가? 그 사람이 추가로 담당하면 어떨까?
Where	어디서 할 것인가? (장소)	장소를 바꿀 수 없는가? 같은 자리에서 할 수 없는가?
What	무엇을 할 것인가? (대상)	그것이 아니면 안 되는가? 모양을 변경할 수 없는가?
How	어떻게 하는가? (방법)	다른 방법은 없는가? 더 축소(연장)할 수 없는가?

2) 일반적 의사결정의 오류

① 권위나 직급에 의한 오류

권위 있는 전문가나 직장 상사의 말을 따르는 것이 모두 옳지는 않다.

② 관계의 오류

상대의 호의나 친분관계로 인한 부담으로 인해 요구를 거절하지 못하는 경우가 있다.

③ 사회적 증거의 오류

베스트셀러를 사는 것처럼 많은 사람들이 하는 것을 무의식적으로 따라간다.

④ 호감의 오류

자신에게 호감을 주는 상대의 권유에 무의식적으로 따라가거나 동조한다.

⑤ 희귀성의 오류

'얼마 남지 않았습니다.', '이번이 마지막 기회입니다'라는 유혹에 꼭 필요하지 않은 것임에도 결정하는 경우가 있다.

Chapter **11**

문제해결의 비판적 사고

11 Chapter

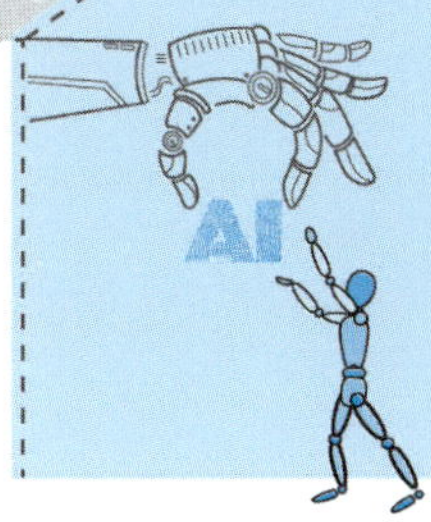

문제해결의 비판적 사고

2018 비판적 사고 세계 90위, WEF가 바라본 韓國의 혁신추진 역량

세계경제포럼(WEF)은 지난 2018년 10월 17일 한국의 국가경쟁력 순위를 세계 15위로 발표했다. 평가 기준이 바뀌었다 해도, 지난해까지 4년 연속 26위권에 머무르던 것을 감안하면 놀라운 상승이다. 혁신역량 항목에서도 8위를 기록하며 열 손가락 안에 꼽히는 쾌거를 이뤘다. 하지만 WEF의 국가경쟁력 보고서의 지역별 · 국가별 평가에서는 "혁신의 추진력이 다소 떨어진다"는 평가를 내렸다.

하드웨어적으로는 세계 상위권이지만 소프트웨어 측면에서는 개발도상국보다도 떨어지는 부분이 많았기 때문이다. 대표적인 것이 바로 인적 자본 부문의 '비판적 사고 교육(critical thinking in teaching)' 항목이다. 총 35.5점을 받으며 140개국 중 90위를 차지했다.

비판적 사고 교육 부문에서 1위를 차지한 국가는 미국이며, 덴마크, 스위스 등 유럽 국가들이 각각 2위와 3위를 기록했다.

혁신성장을 추진하는 데 있어 인재들의 비판적 사고는 필수적이지만 우리와 혁신 시장에서 경쟁하는 아시아 국가들과 비교해도 한국의 순위는 한참 낮은 수준이다. 비판적 사고 부문에서 중국은 24위를 기록했으며 홍콩이 40위, 싱가포르가 21위, 인도가 17위를 기록했다. 그나마 순위가 낮은 편인 대만과 일본도 각각 65위, 70위로 우리보다는 높다.

우리와 비슷한 순위의 국가들을 살펴보면 91위에 짐바브웨, 92위에 조지아, 93위에 트리니다드토바고, 94위에 튀니지, 95위에 라이베리아 등이 위치하고 있다. 우리보다 한 단계 높은 89위에는 아르헨티나가, 88위에는 보츠와나, 87위에는 라오스, 86위에는 슬로베니아, 85위에는 시에라리온이 각각 위치하고 있다.

출처: 아시아 경제신문 2018.10.20.

1. 비판적 사고의 의미

비판적 사고는 어떤 주제나 주장 등에 대해서 적극적으로 분석하고 종합하며 평가하는 능동적인 사고이다. 이러한 비판적 사고는 어떤 논증, 추론, 증거, 가치, 기술 등을 표현한 사례를 타당한 것으로 수용할 것인가, 아니면 다른 방법으로 수용할 것인가에 대한 결정을 내릴 때 요구되는 사고력이다.

비판적 사고는 지엽적이고 시시콜콜한 문제를 트집 잡고 물고 늘어지는 것이 아니라 문제의 핵심을 중요한 대상으로 한다. 비판적 사고는 제기된 주장에 어떤 오류나 잘못이 있는가를 찾아내기 위하여 지엽적인 부분을 확대하여 문제로 삼는 것이 아니라, 지식, 정보를 바탕으로 한 합당한 근거에 기초를 두고 현상을 분석하고 평가하는 사고이다.

4차 산업혁명의 핵심 기술 중 다른 기술들의 조합을 생각해 보는 것도 비판적 사고이다. 왜 IoT 기술엔 로봇과의 연결은 없는 걸까?

- 인공지능 + 인공지능
- IoT + 드론
- 빅데이터 + 3D 프린터 등

결국, 비판적 사고는 일상생활을 성공적으로 해 나가는 데도 중요하지만 우리의 미래를 어둡게 할 수많은 딜레마를 해결하는 데도 매우 중요하게 작용하기 때문이다. 또한, 이런 비판적 사고를 해야 창의적 사고가 가능하다. 비판적 사고의 훈련을 통해서 우리는 다른 사람들의 주장뿐만 아니라 자신의 주장에 대해서도 논리적으로 비판하는 능력을 키울 수 있다. 어떤 주장을 그대로 받아들이는 것이 아니라 주장의 근거와 적절성을 비판적으로 검토해 보는 것이 핵심이라 할 수 있다.

비판적 사고를 기르기 위해서는 다음과 같은 질문으로 접근해 볼 수 있다.

- 지금 하는 이야기의 주된 이슈는 무엇인가?
- 애매한 단어 사용이나 추론의 오류는 없는가?
- 인용되고 있는 가정은 적절하게 사용되고 있는가?
- 증거는 얼마나 객관적 근거에 바탕을 두고 있는가?
- 새로운 기술과 기존 기술과의 융합은 어떻게 개발될 것인가?
- 통계에 속임수가 있지는 않은가?
- 중요한 정보가 빠져 있지는 않은가?
- 어떤 합당한 결론이 가능한가?

note

2. 비판적 사고의 태도

비판적 사고를 개발하기 위해서는 지적 호기심, 객관성, 개방성, 융통성, 지적 회의성, 지적 정직성, 체계성, 지속성, 결단성, 다른 관점에 대한 존중과 같은 태도가 요구된다.

(1) 지적 호기심

여러 가지 다양한 질문이나 문제에 대한 해답을 탐색하고 사건의 원인과 설명을 구하기 위하여 왜, 언제, 누가, 어디서, 어떻게, 무엇을 등에 관한 질문을 제기한다.

(2) 객관성

결론에 도달하는 데 있어서 감정적 · 주관적 요소를 배제하고 경험적 증거나 타당한 논증을 근거로 한다.

(3) 개방성

다양한 여러 신념이 진실일 수 있다는 것을 받아들인다. 편견이나 선입견에 의하여 결정을 내리지 않는다.

(4) 융통성

개인의 신념이나 탐구방법을 변경할 수 있다. 특정한 신념의 지배를 받는 고정성, 독단적 태도, 경직성을 배격한다. 우리는 모든 해답을 알고 있지는 못하다는 것을 이해한다.

(5) 지적 회의성

모든 신념은 의심스러운 것으로 개방하는 것이다. 적절한 결론이 제시되지 않는 한 결론이 참이라고 받아들이지 않는다.

(6) 지적 정직성

비록 어떤 진술이 우리가 바라는 신념과 대치되는 것이라 할지라도 충분한 증거가 있으면 그것을 진실로 받아들인다.

(7) 체계성

결론에 이르기까지 논리적 일관성을 유지한다. 논의하고 있는 문제의 핵심에서 벗어나지 않도록 한다.

(8) 지속성

쟁점의 해답을 얻을 때까지 끈질기게 탐색하는 인내심을 갖도록 한다. 증거, 논증의 추구를 포기함이 없이 특정 관점을 지지한다.

(9) 결단성

증거가 타당할 땐 결론을 맺는다. 모든 필요한 정보가 획득될 때까지 불필요한 논증, 속단을 피하고 모든 결정을 유보한다.

(10) 다른 관점에 대한 존중

내가 틀릴 수 있으며 내가 거절한 아이디어가 옳을 수 있다는 것을 기꺼이 받아들이는 태도이다. 타인의 관점을 경청하고 들은 것에 대하여 정확하게 반응한다.

3. 비판적 문제의식

비판적 문제의식이란 자신을 둘러싸고 있는 환경에 무언가 변화는 없는지 끊임없이 주위를 살피는 것을 말하며, 목표와 현실 사이의 갭(gap)을 객관화시키는 것이다. 문제의식이 없으면 위기의식도 있을 수 없으며, 또 위기의식이 있어야만 책임의식이 생긴다.

그러므로 가설에 대한 사고 스킬을 익혀서 습관화시키고 싶다면 평소부터 문제의식을 환기할 수 있도록 주위를 세심하게 살펴야 한다. 그런 다음 상위 개념인 위기의식과 책임의식을 환기할 수 있어야 한다.

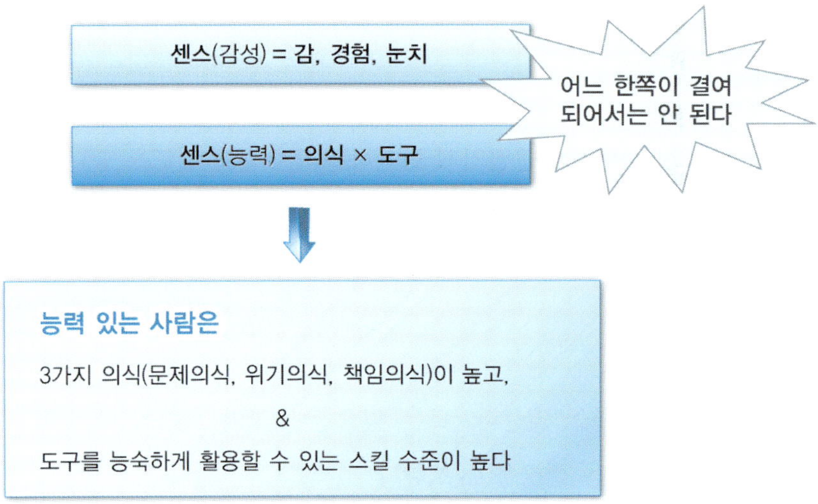

사례연구 1

"사과(Apple) 이야기"

스티브 잡스의 애플, 뉴턴의 사과, 아담과 이브의 사과까지, 인류 역사에 가장 의미 있는 변화를 준 작은 과일 사과 한 알에는 종교, 과학, 예술 등의 분야에서 구원, 힘, 지식과 과학에 관한 다양한 의미가 함축되어 있다.

1. 스티브 잡스의 '사과'

스티브 잡스의 '애플(Apple)'은 창의적인 기술혁신으로 아이폰, 아이패드에 이어 전 세계인의 손에 스마트폰을 쥐어 주며 새로운 세상을 열어 주었다. 사과를 즐겨 먹고 사과나무를 좋아했던 그의 초창기 '애플사' 로고는 '나무 아래에 앉아 중력을 생각하는 뉴턴'의 그림이었으나, 2007년 '애플(Apple)사'로 개명하였는데 한 손에 세계의 정보를 한눈에 볼 수 있는 정보화 사회라는 패러다임으로 세상을 바꾸어 놓았다. 한 입 깨문(bite)이라는 단어가 정보처리 단위인 바이트(byte)와 발음이 비슷한 것도 재미있다.

2. 뉴턴의 '사과'

뉴턴의 사과는 만유인력을 발견하는 기회를 제공하여, 과학 발전에 큰 전기를 마련해 준 혁신적인 사과이다. 뉴턴은 작은 고향 마을에서 어느 날 정원의 나무에서 사과가 떨어지는 것을 우연히 보고, 지구와 사과 사이에 어떠한 힘이 존재하고 있을 것이라는 상상을 했다. 그는 '그것은 내가 명상에 잠겨 있을 때 사과 하나가 떨어지면서 일어난 일이었다. 왜 저 사과는 옆이나 위로는 향하지 않고 항상 아래를 향해 낙하하는 것일까? 항상 지구의 중심을 향하고 있으니, 아마 지구가 그것을 끌어당겼을 것이다'라고 생각했고, 모든 물체 사이에는 보편적으로 작용하는 만유인력이 존재함을 발견한 것이다.

3. 아담과 이브의 '사과'

인류와 사과의 연결고리는 에덴동산에 살던 아담과 이브가 "절대 선악과를 따먹지 말라"는 하나님의 말씀을 거역한 역사로 시작된다. "선악을 알게 하는 나무의 열매를 먹으면 하나님처럼 지혜로워진다"라고 뱀이 유혹하자 이브는 결국 선악과를 따먹고, 결국 두 사람은 풍요로운 낙원에서 쫓겨나서 이브는 출산의 고통을 얻게 되고, 아담은 힘든 노동을 하며 그 생명은 유한하다는 한계를 지니게 된다. 사과는 인간 원죄설의 근본이 됐고, 사과로 인하여 새로운 인류 역사가 시작된 것이다.

note

4. 비판적 사고 개발방법

비판적인 사고를 위해서 가장 먼저 필요한 것은 바로 문제의식이다. 문제의식이 왜 비판적인 사고에서 중요한지 다나카 씨의 예에서 볼 수 있는 것처럼 문제의식을 가지고 있다면 주변에서 발생하는 사소한 일에서도 정보를 수집할 수 있으며, 이러한 정보를 통해서 새로운 아이디어를 끊임없이 생산해 낼 수 있다.

문제의식은 당장 눈앞의 문제를 자신의 문제로 여기고 진지하게 다룰 생각이 없는 한 절대로 답을 얻을 수 없다. 따라서 자신의 문제와 목적을 확실하고 정확하게 파악하는 것이 비판적인 사고의 시작이다.

> 노벨상을 수상한 다나카 코이치 씨는 평범한 샐러리맨이라는 점에서 큰 화제를 불러일으킨 적이 있었다. 다나카 씨의 수상은 아세톤에 금속 분말을 녹여야 하지만 글리세린에 녹여 버린 실수로부터 시작되었다.
>
> 다나카 씨는 잘못 녹인 금속 분말이 아까워서 그대로 레이저에 대고 측정치를 계속해서 관찰하는 활동을 하였고, 그 결과 고분자의 질량분석이 가능한 현상을 발견하였다.
>
> 이런 면에서 볼 때 다나카 씨의 발견은 우연일지 모르지만, '글리세린에 녹인 금속 분말은 어떻게 될까?' 라는 끊임없는 문제의식을 통해서 가능한 일이었다.

(1) 문제의식

우리는 업무수행 과정에서 비판적인 사고를 하도록 요구받고 있다. 그러나 어떻게 하면 비판적 사고를 할 수 있는지 모르는 경우가 많다. 직업인들에게 필요한 비판적 사고를 개발하는 방법에 대하여 알아보자. 비판적 사고는 어떤 행위와 관련하여 본능이나 충동이나 감각적 욕구에 좌우되지 않고 숙고에 기초하여 자기의 의지와 행동을 합리적으로 결정하는 능력이다.

다나카 씨의 예에서 볼 수 있는 것처럼 문제의식을 가지고 있다면 주변에서 발생하는 사소한 일에서도 정보를 수집할 수 있으며, 이러한 정보를 통해서 새로운 아이디어를 끊임없이 생산해 낼 수 있다. 문제의식은 당장 눈앞의 문제를 자신의 문제로 여기고 진지하게 다룰 생각이 없는 한 절대로 답을 얻을 수 없다.

따라서 자신이 지니고 있는 문제와 목적을 확실하고 정확하게 파악하는 것이 비판적인 사고의 시작이다. 미국의 경영학자 레스터 서로우(Lester Thurow)는 "창의적인 인재란 문제의식을 가지고 상황과 사물을 바라보는 사람이다"라고 말했다. 즉, 창의적 인재란 현재의 틀에서 남들이 보지 못하는 것, 생각하지 못하는 것을 발견하고 새로운 일로 연결시킬 수 있는 창조적이고 유연성 있는 인재를 말한다. 이는 주어진 일만 수행하는 모범직원이 아니라 새로운 영역을 창조할 수 있는 끼와 능력을 보유한 개척자형 인간을 의미한다. 또한 미래의 변화를 읽어 내고 새로운 지식과 정보를 수용하여 새로운 방향을 제시할 수 있는 능력과 자질을 갖춘 사람이 필요하다는 것이다.

다음은 위대한 인물들이 사소한 의문에서 시작해서 위대한 발견을 한 사례이다. 사례를 통해서 비판적 사고를 위해서 필요한 것들을 생각해 보자.

비판적인 사고를 하기 위해서는 어떤 현상에 대해서 문제의식을 통해 바라보아야 한다.

사소한 발견

[1] **아이작 뉴턴:** 나무에서 떨어지는 사과를 보고 "만유인력의 법칙"을 발견하는 중요한 힌트를 얻음

[2] **아르키메데스:** 목욕할 때 탕 속의 물이 흘러넘치는 것을 보고 "아르키메데스의 원리"라고 하는 부력의 원리를 발견

[3] **갈릴레오 갈릴레이:** 램프의 흔들림을 보고 "추의 등시성"을 발견

[4] **알프레드 노벨:** 니트로글리세린이 용기에서 새어 나와 규조토에 스며드는 것을 보고 "다이너마이트"를 발명

[5] **알렉산더 플레밍:** 배양하고 있던 포도상구균이 파란 곰팡이에 녹는 것을 발견하고, 그 파란 곰팡이에서 페니실린을 추출하여 항생물질 개발

(2) 고정관념의 타파

비판적인 사고를 하기 위한 문제의식을 가지고 있다면 다음으로 필요한 것이 지각의 폭을 넓히는 일이다. 지각의 폭을 넓히는 일은 정보에 대한 개방성을 가지고 편견을 갖지 않는 것으로, 고정관념을 타파하는 일이 중요하다.

고정관념과 선입견 그리고 편견은 사람과 사물을 바로 보는 시각에 영향을 줄 수 있으며, 관념적인 평가를 하기 쉽다.

'날개 없는 선풍기', '먼지봉투 없는 청소기'……

다이슨의 제품은 다이슨이란 브랜드보다 제품의 특징으로 더 잘 알려져 있다. 청소기, 가습기, 선풍기, 헤어드라이기 등 판매하는 제품은 몇 안 되지만 이것들은 언제나 혁신적이라는 수식어가 따를 수밖에 없다.

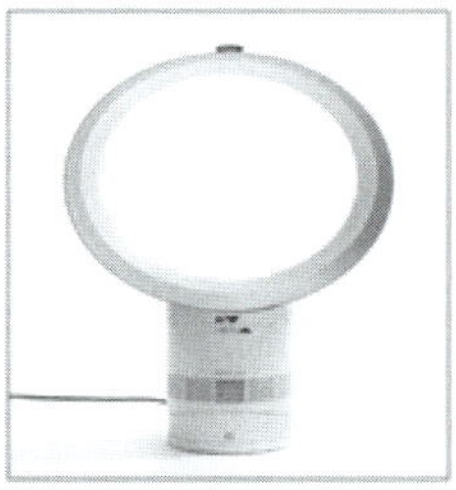

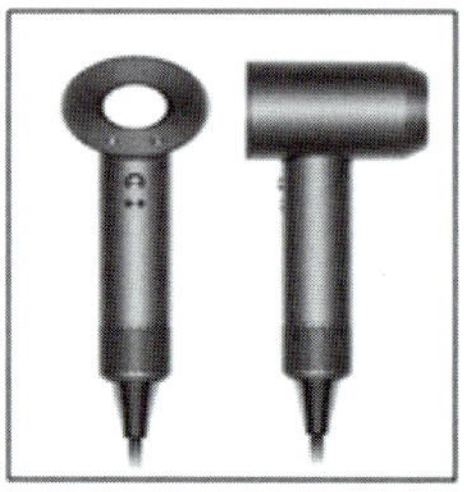

날개 때문에 바람이 끊어지기도 하고 어린아이들이 항상 선풍기 속에 손가락을 넣고 싶어 하기에 다이슨은 '왜 선풍기에는 꼭 날개가 있어야 하는가?'라는 문제의식을 가지고 날개 없이도 바람을 낼 수 있는 기술을 찾았고, 날개가 없는 최초의 선풍기 '에어 멀티플라이어(Air Multiplier)'를 만들었다. 날개가 있을 때보다 훨씬 바람을 많이 만들어 내는 이 선풍기는 2009년 〈타임〉이 선정한 가장 혁신적인 제품 톱 10위에 올랐고 전 세계 히트상품으로 기록됐다. "전기를 이용한 최초의 선풍기는 1882년에 발명되었는데 그 방식은 127년간 변하지 않았다. 127년간 지속돼 온 고정관념을 깨뜨리는 데는 4년밖에 걸리지 않았다"라고 다이슨은 말한다.

이후 다이슨은 홀로 창고에서 먼지 없는 청소기를 만들기 시작했는데 원심분리를 이용해 공기를 빠른 속도로 회전시켜 먼지를 분리해 모으는 원리였다. 이것은 기존 진공청소기의 문제도 해결하고 먼지봉투를 사는 비용도 절약할 수 있어 다른 청소기에 비해 5~10배 비싼 가격인데도 출시 2년 만에 영국에서 가장 많이 팔리는 청소기로 이름을 올렸다.

연이어 다이슨은 헤어드라이어 '수퍼소닉'을 공개했는데 이 '다이슨 수퍼소닉'은 보통 헤어드라이어가 아니었다. 시연회장에서 사람들을 놀라게 한 것은 바로 소리였는데, 기존 제품에서 나오던 소음이 거의 없었던 것이다.

고정관념과 선입견 그리고 편견

미국의 한 대학에서 남녀 학생들을 대상으로 수학 실력 테스트를 실시했다. 실험 전에 주어진 단 하나의 조건은 이 실험의 목적이 남녀 간의 수학적 능력에 대한 차이를 확인하기 위한 것이라는 사실을 미리 알려 준 것뿐이었다.

결과는 놀라웠다. 평소 동일한 수학 점수를 보유하고 있는 남녀 학생들을 선발했음에도 불구하고 여학생들이 상대적으로 저조한 성적을 보인 것으로 나타났기 때문이다. 이는 일반적으로 여성이 남성에 비해 수학적인 능력에서 뒤처진다는 선입견에 여학생들이 스스로 맞춰 행동한 결과라는 것이 실험을 진행한 연구진의 분석이었다.

남녀 간의 과학적 능력에 대한 선입견은 첨단기술의 세계적인 전진 기지인 실리콘밸리 기업의 채용 과정에서도 그대로 작용한다. 한 예로 '레드실'이라는 기업의 경우 어느 순간 회사 내 여성 엔지니어가 거의 없게 되었다.

그 사실을 깨달은 이 회사의 CEO는 남녀 구분을 없앨 수 있는 채용 공고 문구 및 인터뷰 방식을 개발했다. 그 결과 여성 엔지니어의 비율이 단기간에 2배로 늘어났다. 이 회사가 그 같은 선택을 한 것은 여성 차별 폐지 같은 거창한 정책적 목표 때문이 아니라 회사의 이익을 위해서였다. 비슷한 사람들로 이루어진 조직에서는 혁신이 잘 일어나지 않기 때문이다.

이런 이유로 요즘 실리콘밸리에서는 블라인드 테스트 등과 같은 방식으로 인재를 채용하는 스타트업이 생겨나고 있다. 이력서에 성별 및 인종 표시를 없애고 면접에서는 모든 지원자들에게 같은 질문을 하도록 표준화된 채용과정을 만드는 시도 등이 이에 포함된다. 채용 과정에서 선입견의 영향력을 최소화하려는 노력의 일환인 셈이다.

- **선입견(Preconception)**: 어떤 대상에 대하여 이미 마음속에 가지고 있는 주관적 판단기준
- **고정관념(Stereotype)**: 어떤 사람이나 사물에 대하여 널리 퍼져 있는 지식이나 믿음
- **편견(Prejudice)**: 어떤 사물이나 현상에 대하여 공정하지 못하고 한 쪽으로 치우친 사고

선입견이란 어떤 대상에 대해 이미 마음속에 가지고 있는 고정관념이나 관점을 말한다. 그런데 새로운 것을 발견해야 하는 과학자의 입장에서 선입견은 가장 나쁜

사례 중 하나에 속한다. 남들과 조금 다른 특이한 연구 방법을 시도해도 눈길을 끌게 되고, 이때의 '다른 것'은 '틀린 것'이 되어 버리기 때문이다.

선입견과 고정관념은 동서고금을 막론하고, 어느 시대 어느 사회나 존재하는 것인데 어떻게 보면 인류의 등장과 함께 시작되었다고 볼 수 있다. 오랜 세월이나 경험 속에서 축적된 선입견과 고정관념은 그 자체로 문제가 되지는 않지만 문제는 바로 그것으로 인해 발생하는 편견, 선입견 그리고 고정관념이 합리화되어 고착된다는 점이다.

편견을 어떻게 줄일 수 있을까? 많은 전문가는 대부분 편견이 불충분하고 부정확한 근거에 기초, 한정된 경험, 감정적 태도에 기인하는 경우가 많기 때문에, 새로운 경험의 기회를 갖는 게 무엇보다 중요하다고 한다.

다음의 사례는 주변에서 흔히 볼 수 있는 물건을 통해 고정관념을 탈피한 사례들이다.

상품	본래 용도	새로운 용도
스테플러	서류 정리	벽에 종이를 고정한다.
드라이어	머리를 말린다.	온풍을 이용해서 어깨 결림을 완화시킨다.
칫솔	양치질을 한다.	빗의 이물질을 제거한다.
스카치테이프	종이를 붙인다.	지문을 채취한다.

사례연구 2

비판적 사고를 위해서는 특정한 문제에 대해서 가능한 한 많은 아이디어를 산출하고, 이러한 아이디를 종합하고 검토하여 최선의 아이디어를 도출하는 일이 필요하며, 기존에 가지고 있는 생각의 틀을 벗어나는 것이 중요하다. 다음 제시되는 물건들의 용도를 가능한 한 많이 찾아서 기록해 보자.

물건	용도
스태플러	1. 서류 정리 2. 벽에 종이를 고정 3. 세탁소에서 옷을 구분 4. ______ 5. ______ 6. ______
드라이어	1. ______ 2. ______ 3. ______ 4. ______ 5. ______ 6. ______
칫솔	1. ______ 2. ______ 3. ______ 4. ______ 5. ______ 6. ______
스카치 테이프	1. ______ 2. ______ 3. ______ 4. ______ 5. ______ 6. ______

21세기 글로벌 교육의 화두 "비판적 사고력 기르기"

21세기에는 비판적 사고가 경쟁력이라고 한다. 그래서 미국을 비롯한 세계 각국은 비판적 사고력 증진을 교육의 최대 목표로 삼고 각종 교과과정을 짜고 있다. 비판적 사고는 일상생활을 성공적으로 해 나가는 데에도 중요하지만 수많은 난제들을 해결하는 데에도 매우 중요하게 작용하기 때문이다. 또한 이런 비판적 사고는 창조적 사고의 출발점이다.

우리의 현실에서 보면, 일상적인 토론이나 TV 등 공적인 자리에서조차 아직도 사람들이 증거를 무시하고 정확하지 않은 언어를 구사하며 큰 목소리를 내는 경우를 자주 보면서 비판적 사고의 중요성을 느끼고 있다. 이렇게 비판적 사고에 대한 필요성은 여기저기에서 증가하고 있으나, 정작 그 방법에 대해서는 비판적으로 사고하지 않는 것 같다. 왜냐하면 많은 경우 비판적 사고가 각종 시험 대비를 위해 필요한 것으로 인식하고 비판적 사고의 기술을 훈련하기보다는 문제풀이 기술을 습득하기에 몰두하는 경향을 보이기 때문이다. 대학 입시를 위한 논술 준비가 그렇고 심지어 전문대학원 입학시험의 추리논증 준비도 그렇다. 이런 시험들은 비판적 사고력을 측정하기 위한 것이 아니라, 단순한 문제풀이 능력을 측정하기 위한 것이다. 시험을 위한 문제풀이식 훈련은 비판적 사고력을 증대시키는 데 큰 도움이 되지 못한다.

비판적 사고에 취약한 한국인들에게 절실히 필요한 것은 비판적 사고의 방법을 배우는 것이다. 비판적 사고를 체득한 사람은 다양한 관점에 열려 있는 태도를 취하면서 그 관점을 이성적으로 평가한 후에 어떤 것을 믿을지, 어떤 행동을 취할지를 결정한다. 우리는 대화와 토론을 공유하기 위해 그리고 우리의 발전을 위해 서로를 필요로 한다. 우리들 중 누구도 우리가 접하게 되는 복잡한 상황을 홀로 직면할 만큼 천부적인 재능을 타고나지 않았다.

비판적으로 생각하는 사람은 자신이 비판적 사고를 활용할 때 주변에 어떤 영향을 미치는지에 대해 생각할 필요가 있다. 비판적 사고는 우리에게 더 나은 결정으로 이끄는 통로가 될 것이며 더 나은 결론을 찾는 데 필요하다. 우리는 비판적 사고의 훈련과정을 통해서 자율성, 호기심, 분별력이 생기고 지적 독립을 위한 탄탄한 토대를 갖추게 될 것이다.

출처: M. 닐 브라운, 〈비판적 사고를 기르는 11가지 질문도구〉.

Chapter **12**

인간 중심 AI와 미래사회

(사라질 직업, 살아남을 직업, 생겨날 직업)

12 Chapter

인간 중심 AI와 미래사회
(사라질 직업, 살아남을 직업, 생겨날 직업)

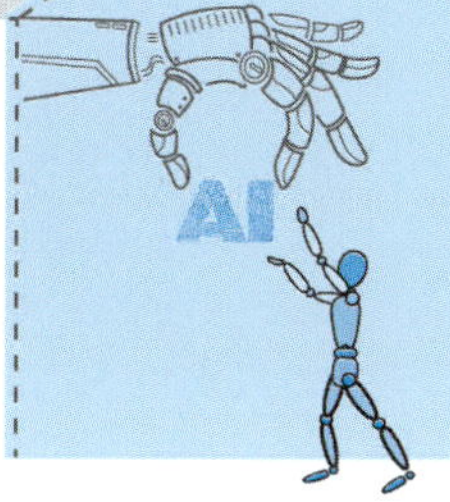

인간 중심 AI와 4차 산업혁명은 이미 우리가 피할 수 없는 새로운 패러다임이다. 4차 산업혁명이 보편화되면서 사람이 직접 하기 힘들거나 위험한 일을 로봇이 대신하게 되고, 사물인터넷 기반의 스마트홈 시스템이 나의 일상의 일정을 실시간으로 관리해 주기도 하며, 자율주행이 가능한 자동차가 등장하여 직접 운전을 하지 않고 편안하게 이동하고 주차를 할 수 있다. 또 손목에 착용하는 인공지능 의료 기기가 내 몸의 상태를 관리해 주고, 병원에서는 인공지능 로봇이 약을 처방하게 된다.

이로 인해 현존하는 일자리 중 상당수가 인공지능과 로봇으로 대체될 것이라고 주장하는 한편 새로운 형태의 일자리가 많이 창출될 것이라는 입장도 있다. 많은 영역의 일자리를 로봇이 대체하여 일자리의 수가 대폭 줄어들 것으로 확인되었고, 4차 산업혁명 역시 새로운 산업형태와 AI로 인해 새로운 일자리가 생겨날 것으로 전망하였다. 하지만 확실한 사실은 하루아침에 모든 일자리가 사라지지는 않는다는 것이다.

이처럼 인공지능과 로봇에게 우리의 일자리를 뺏긴다는 두려움이 있지만, 어떤 직업이 유망할 것인가에 대한 궁금증도 있을 것이다. 그리고 4차 산업혁명은 누군가는 엄청난 위기로 느끼겠지만, 누군가는 분명히 새로운 기회라고 생각할 것이다. 여기서 중요한 점은 핵심기술에 대해서 우리나라가 얼마나 선도할 것인가, 거기에 나는 어떻게 적응하며 어떤 자세를 취하고 있을 것인가가 매우 중요하다. 대학의 젊은 청춘들은 4차 산업의 혁명적 도래와 함께 직업이든 창업이든 새로운 기회와 출발을 위해 스스로 도전하고 두드려 보기를 기대한다.

1. 직업의 변화

(1) 기계와 인간

로봇과 인공지능이 결합하고 점점 지능화되고 있다. 산업용 로봇이 공장에서 자동차를 만든 지 오래되었고, 이제는 인공지능을 탑재한 협업 로봇이 사람과 함께 전자부품을 조립하기도 한다. 웨어러블 로봇은 장애인이나 노약자에게 몸에 착용해 신체 기능을 강화하고 보조하는 역할을 한다. 최근에는 로봇이 인간의 신체적 기능을 대체하는 것을 넘어 인지능력의 영역까지 넘어오는 사례가 등장하고 있다. 금융기관에선 자산관리 서비스인 로보어드바이저는 전문가들이 해 오던 자산관리 서비스는 물론이고, 적극적인 투자에도 활용되고 있다.

인공지능 왓슨은 환자의 영상자료를 보고 의사보다 더 정확한 확률로 각종 암 여부를 판독해 의사를 도와 환자의 병을 진단하는 데 큰 역할을 한다. 최근에는 인간만의 영역이라고 믿었던 작곡, 그림, 상담, 언론기사 작성 등의 영역까지 인공지능이 진출하고 있다.

note

4차 산업혁명 시대의 일자리의 변화 트렌드

출처: 한국고용정보원, 직업진로 가이드북.

(2) 일과 일자리의 대체

로봇이나 인공지능 기술이 사람이 하는 일을 대체할 가능성이 높다는 것은 하는 일의 일부가 컴퓨터나 기계로 대체되어 해당 직업의 일자리 중 일부가 감소한다는 것을 의미한다.

예를 들면, 법률업무원, 회계업무원, 영상의학 전문의 등 직종이 그러하다. 최근 우리나라에도 인공지능 변호사가 도입되어 소송에 관련된 판례나 법령, 논문 등의 검색 업무를 담당하는 법률비서(로펌 직원)의 일자리가 위협받고 있다.

그러나 명심할 것은 업무가 자동화와 로봇으로 대체될 수 있다고 해서 직업 자체가 곧바로 사라지거나 일자리가 급격히 축소되지는 않는다. 직업 자체가 소멸하기 위해서는 그 직업이 수행하는 모든 직무(tasks)가 기술로 대체되어야 하기 때문이다.

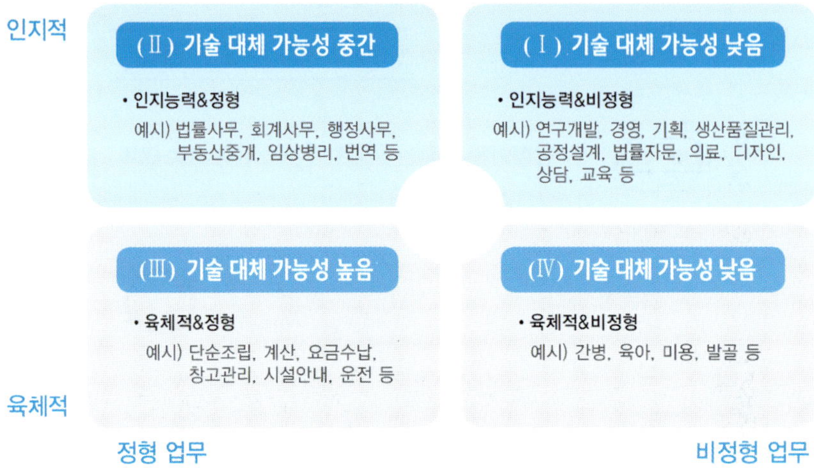

직업(직무, tasks)의 기술 대체 가능성 유형

출처: 한국고용정보원, 직업진로 가이드북.

사례연구 1

〈사라질 직업, 살아남을 직업, 생겨날 직업〉

산업이 발달하면서 직업도 변화한다. 4차 산업혁명의 시대를 살아가게 되면서 사라지는 직업과 새로 생겨나는 직업을 찾아보자. (핸드폰으로 검색하고 서로 토의한다.)

① 옛날에는 있었는데 지금은 볼 수 없는 직업(예, 버스안내원)

② 지금도 있지만 예전보다 종사자가 줄어든 직업(예, 양복사(점))

③ 옛날에는 없었는데 새로 생겨난 직업(예, 드론 조종사)

④ 지금은 없지만 가까운 미래에 새롭게 생길 직업(예, 로봇 윤리학자)

왜 직업이 없어지거나 새로 생길까? 직업이 사라지는 이유는 무엇일까?

---

(3) 사라질 직업, 생겨날 직업

기술이 발전되면서 산업계에 있던 일부 직업은 사라졌지만 한편 새로운 직업이 등장했다. 마차를 타던 시대에 자동차가 대량생산되면서 마부의 직업은 한순간에 일자리가 없어졌지만, 자동차 회사의 일자리와 운전사 직업은 급격히 늘었다. 또 컴퓨터가 발달하면서 인쇄업이 사라졌지만 한편 컴퓨터 관련 직업은 급격히 늘어난 것이다.

이와 같은 기술의 혁신과 발전에 따라 직업의 구조 역시 변화하고 있다. 특히 4차 산업혁명이 시대엔 그 속도가 더욱 빨라질 것이다. 기술발전에 따라 직업구조 변화는 다음과 같다.

1901년. 뉴욕 맨해튼 5번가 부활절 퍼레이드

1913년. 뉴욕 맨해튼 5번가 부활절 퍼레이드

1901년과 1913년의 뉴욕 거리 변화

출처: 딜로이트 안진경영연구원.

첫째, 4차 산업혁명이 확대되면서 4차 산업의 특성에 맞는 직업들이 등장하고 있다. IoT 전문가, AI 전문가, 자율주행차 개발자 등이다.

둘째, 기존 직업이 혁신하면서 전문화하고 있다. ICT 관련 보안의 필요성에 따라 보안전문가는 전문 영역에 따라 사물인터넷, 핀테크, 자율주행차 등 필요에 의한 보안 전문가 등이다. 또 로봇 관련 산업은 산업용, 서비스, 웨어러블, 휴머노이드 등의 로봇으로 세분화되고 있다.

셋째, 각 산업 간 융·복합에 따른 직업다. 금융과 IT 지식의 핀테크, 의료와 빅데이터 등의 연결된 산업군이 새로이 등장하고 증가하고 있다.

마지막으로 기존 직업에서 인공지능, IoT, 블록체인, 자율주행차 등이 데이터에 관계되는데, 이렇듯 데이터 기반의 산업화가 발전하면서 IT 보안전문가의 역할이 더욱 커지고 있다.

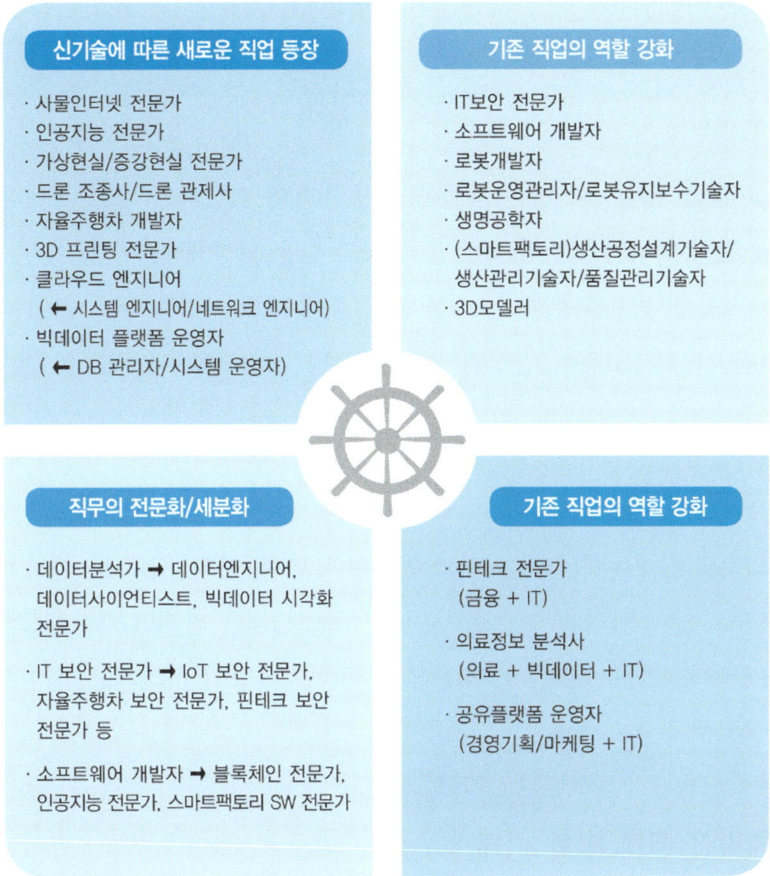

직업구조 변화의 유형

출처: 한국고용정보원, 직업진로 가이드북.

note

2. 직업의 선택

우리는 미래의 유망하고 좋은 직업에 어떤 것들이 있는지 궁금할 것이다. 일반적으로, 유망 직업의 조건을 전망과 안정, 연봉과 같은 보상체계와 근무여건, 전문성과 발전 가능성 등을 갖고 구분한다. 이들 조건 중에 어떤 사람은 돈을 많이 버는 직업을, 또 어떤 사람은 고용이 안정된 직업을 유망 직업으로 생각할 수 있다.

(1) 직업 선택 방법

4차 산업혁명 시대는 기술의 혁신과 인구구조 변화, 사회발전으로 인해 미래 직업 세계의 모습은 많이 달라질 것으로 보인다. 직업 세계가 바뀌면 대학생들의 진로준비와 진로선택도 달라져야 한다. 최근에는 특정한 직업이 사라지고, 한편으로 새로운 직업들이 생겨나고 있다.

1) 미래직업 세계 변화 이해

미래에는 기술의 발전과 산업현장의 혁신, 현장실무능력의 중시 등으로 대학생들에겐 이전 세대보다 훨씬 다양한 진로와 직업이 놓이게 될 것이다. 또 수명과 근로생애 연장으로 여러 개의 직업을 순차적으로, 혹은 동시에 갖게 될 것이다. 대학생들은 과거에 비해 직업·진로를 선택하는 경우 다양한 직업을 구할 수 있으며, 선택할 수 있는 폭도 넓어질 것이다.

2) 다양한 진로의 이해

직업에 대한 가치관도 변화하고 있다. 4차 산업혁명의 발전과 디지털 기술의 발전, 급속한 사회 변화로 인해 직업을 갖는 방식도, 일하는 모습도 다양해졌다.

앞으로 정규교육과정 외에 다양한 경로를 통해 새로운 직업 세계에 진입하는 사례도 증가할 것이다. 앞으로 취업 외에 창업, 전문직 프리랜서 등 다양한 형태의 진로선택도 증가할 것이다.

(2) 미래직업 능력

산업이 발전하고 4차 산업혁명의 혁신적인 기술들이 도입될 때 일의 내용이 바뀌면 필요한 직업 능력도 바뀐다. 산업화 시대에는 남들에게 없는 기술을 갖춘 사람이 인정을 받았고, 소통능력과 협동심이 필요했다. 그렇다면 4차 산업혁명 시대에는 어떤 직업능력이 중요할까?

4차 산업혁명 시대는 기술과 사회발전의 속도가 더욱 빨라질 것이다. 그만큼 변화가 많고 불확실성도 커질 것이다. 따라서 우리 대학에서 직업에 필요한 기초능력을 튼튼히 다지는 것이 무엇보다 중요하다. 의사소통능력, 대인관계 능력, 자기개발 능력 등 기초적인 직업 능력이 튼튼한 사람은 어떤 환경에도 대응해 나갈 수 있다.

1) 디지털 이해력

모든 직업은 컴퓨터와 ICT 기술을 바탕으로 발전할 것이다. 직장인들은 컴퓨터와 ICT 기술을 이해하고 활용할 수 있어야 한다. 이러한 능력을 디지털 이해력이라고 한다. 컴퓨터를 다룰 줄 알고 이를 업무에 활용하고 적용할 줄 아는 능력이다.

2) 창의력과 융복합 능력

4차 산업혁명 시대는 기술과 산업, 학문 간 융합이 활발히 일어날 것이다. 대학 역시 타 학문과 융합되고 있다. 애플이 자율주행차를 개발하듯 기업 간 업종 간 경계도 모호해지고 있다. 이런 서비스에 온라인 플랫폼이 연결되어 부가가치를 창출하고 있다. 4차 산업혁명의 융·복합 특징은 이전에 없던 새로운 제품과 서비스를 창출하는 좋은 기반이 되고 있다.

3) 기업가 정신

4차 산업혁명 시대에 창의력과 융·복합 능력은 매우 필요한 능력이다. 4차 산업혁명 시대에는 인공지능, 빅데이터, IoT, 스마트폰 플랫폼 등의 기술발전으로 산업생태계가 개인이 창업이나 창직을 하거나 재능과 노동력을 팔기가 더욱 쉬워지고 있다. 4차 산업혁명을 이해하고 활용할 수 있는 능력을 갖추고 창업가 정신으로 무장한다면 더 많은 기회를 잡을 수 있다.

4) 문제해결 능력

기술진보와 세계화, 다양한 직업에서 구성원 간 갈등 해결 및 소통역량은 사회와 산업현장에서 발생하는 문제들의 복잡도가 매우 필요해지고 있다. 사회가 다양해지면서 상호 융합하고 복합되려면 다양한 이해관계자의 협력 등이 필요한데, 이러한 과정에서 발생하는 불확실하고 복잡한 문제를 창의적이고 능동적으로 해결할 수 있는 능력이 더욱 필요하다.

5) 협업 능력

한 명이 모든 지식과 기술을 습득하여 처음부터 끝까지 해내는 천재의 시대는 갔다. 하나의 제품을 만들거나 프로젝트를 수행하려면 다양한 전문가들이 참여하고 협업해야 한다.

6) 공감 및 소통능력

인터넷과 모바일 기반의 SNS 등으로 연결된 초연결 초지능 사회가 다가왔다. 기업은 제품의 판매확산을 위해 개발 단계에서 고객의 의견을 반영하고 있다. 이러한 현상은 스마트폰 등 모바일 기기의 확산과 SNS에 많은 영향을 받았다.

7) 주도적인 추진능력

학교를 졸업 후에는 스스로 지식과 기술을 찾아 습득하고 추진할 수 있어야 한다. 이때 필요한 능력이 주도적인 추진능력이다. 학교에서도 주도적인 학습 태도를 통해 사회에 나가서도 잠재력을 발휘해 성과를 낼 수 있다

note

3. 유망한 직업과 필요역량

사물인터넷 전문가
(무선통신 프로그램 개발 등)

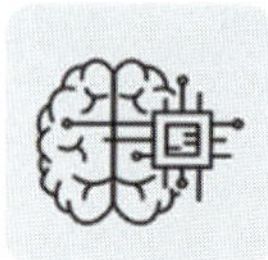
인공지능 전문가
(인공지능, 딥러닝)

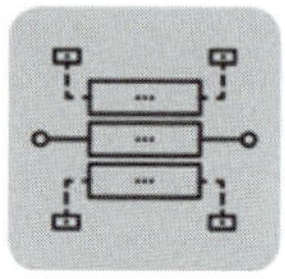
빅데이터 전문가
(빅데이터)

가상(증강 · 혼합)현실 전문가
(가상(증강)현실)

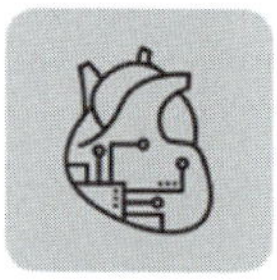
3D프린터 전문가
(3D프린터)

드론 전문가
(드론)

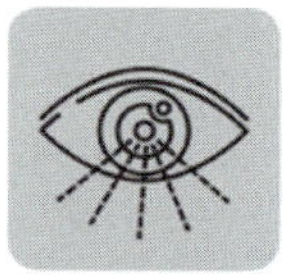
생명과학연구원
(생명공학, IT)

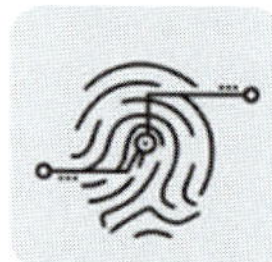
정보보안 전문가
(보안)

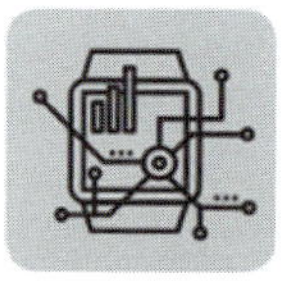
소프트웨어개발자
(ICT)

로봇공학자
(기계공학, 재료공학,
컴퓨터공학, 인공지능 등)

출처: 한국고용정보원.

(1) 사물인터넷 전문가

사물인터넷(IoT)은 사물들이 서로 연결되어 새로운 혁신적인 기능을 제공하는 서비스이다. 여기서 사물이란 자동차, 스마트폰, 가전제품 등 무선 통신 기반에서 모든 것이 연결되고 작동하는 것을 말한다.

- **필요역량:** 정보통신기술과 관련된 지식과 능력을 통해 다양한 기기에 적용하고 확대할 수 있는 창의력과 융합능력이 필요

(2) 인공지능 전문가

인공지능은 사람의 뇌에 대한 지식을 기반으로 컴퓨터나 AI가 사람과 같이 생각하고 결정할 수 있는 알고리즘을 개발한다. 알고리즘이란 주어진 문제를 체계적이고 논리적으로 해결을 위해 필요한 규칙과 절차들이다.

- **필요역량:** 창조적인 생각과 창의적인 발상으로 융복합된 지식을 응용할 수 있는 능력, 인내와 끈기를 바탕으로 한 집중력, 심리학 등 뇌를 연구하는 분야에 대한 이해가 필요

(3) 빅데이터 전문가

빠르게 생산되고 있는 수많은 빅데이터를 실시간으로 저장하고 분석해 가치 있는 정보를 추출하는 일을 한다. 빅데이터의 분석과 활용은 많은 IT 업체들의 핵심 영역이며 전문 데이터 분석업체, 금융, 의료기관 등의 분야에서도 필요하다.

- **필요역량:** 트렌드에 대한 이해와 데이터를 분석할 끈기력, 코딩하기 위한 프로그래밍 기술 등의 활용 능력 등이 필요

(4) 가상현실/증강현실 전문가

가상현실(VR:Virtual Reality)이나 증강현실(AR: Augmented Reality) 콘텐츠를 기획하거나 시나리오를 작성하는 능력으로 반드시 기술적인 것만은 아니다.

- **필요역량:** 콘텐츠 개발/기획력, 소프트웨어 활용 능력, 컴퓨터 프로그래밍 능력과 소통과 및 협업 능력 등이 필요

(5) 생명과학/바이오 전문가

유전자 분석을 통해 암이나 고치기 어려운 질병 가능성을 예측하기 위한 시스템이 필요하며 '줄기세포'를 통해 인간의 생명 현상을 연구하는 종합적인 의학, 과학 학문이다.

- **필요역량:** 과학과 관련한 기초지식, 의학, 약학 등 관련 학문에 대한 지식, 연구에 대한 열정과 인내력, 문제해결을 위한 논리적 사고 및 분석력 등이 필요

(6) 정보보호 전문가

ICT 보안전문가라는 해킹과 바이러스로부터 디지털 정보를 보호하는 일을 한다. 각종 컴퓨터 바이러스와 해킹의 위협으로부터 소중한 디지털 정보를 안전하게 보호하는 일이다.

- **필요역량:** 컴퓨터와 관련된 전문지식, 각종 프로그램 언어에 대한 지식, 컴퓨터 바이러스를 분석하여 백신 프로그램 개발능력, 문제해결력과 분석력, 정보보호에 대한 윤리의식 등이 필요

(7) 로봇 전문가

서비스 로봇이나 산업용 로봇, 협업 로봇, 웨어러블 로봇 등을 연구하고 제작 관리하는 일을 한다. 로봇은 다양한 산업 분야의 기술들이 복합된 것이기에 다양한 분야의 전문가와 기술들이 함께 협업해야 한다.

- **필요역량:** 상상력과 이를 실현시키는 능력, 무언가를 만들기 좋아하는 특성, 로봇 설계·운영 등의 지식 등이 필요

(8) 자율주행 자동차 전문가

정보통신기술(ICT), 인공지능, GPS 등의 최신 기술을 적용해 안전하게 자율주행이 가능한 자율자동차를 연구하고 개발한다. 다양한 산업 분야의 기술을 적용하여 자동차가 주변 환경과 사물을 정확히 인식할 수 있는 기술을 개발하고 자동차에 탑재한다.

- **필요역량:** 자율주행차에 대한 흥미, 컴퓨터, 전기/전자, 정보통신, 로봇, 소프트웨어, 인공지능 등에 대한 전문지식, 융합적 사고, 논리적 사고, 문제해결 능력 등이 필요

(9) 스마트팜 전문가

스마트팜 관련 기술과 장비를 개발하고 설치하며, 스마트팜 도입을 희망하는 농업인에게 컨설팅과 교육을 한다. 스마트팜은 농사기술에 사물인터넷, 인공지능 등의 정보통신기술을 각종 농업장치에 적용하여, 환경을 제어·관리한다.

- **필요역량:** 농업에 대한 기본적인 관심과 이해, 스마트팜을 이루는 기계·전기, 정보분석능력, 정보통신기술(ICT) 관련 전문지식 등이 필요

(10) 환경/에너지 전문가

우리 주변의 자연환경을 개선할 수 있는 환경공학은 지구의 미래를 지키는 기술로 이제 아픈 지구의 모습을 외면하기보다 함께 고민해야 하는 직업이다.

- **필요역량:** 화학, 미생물학, 에너지 공학 등 과학에 대한 관심, 환경 문제에 대한 관심과 소명감, 지속적 반복적인 실험을 위한 인내심이 필요

(11) 헬스케어 전문가

건강 관련 액세서리나 웨어러블 기기를 통해 스스로 운동, 심장박동, 건강상태 등을 체크해 관리할 수 있는 서비스를 기획하거나 애플리케이션을 개발하는 일을 한다.

- **필요역량:** 의료 지식과 IT에 대한 기본 지식, 전문가들과의 협업을 위해 의사소통 능력, 빅데이터 분석능력 등이 필요

(12) 3D 프린팅 전문가

3D 프린터 전문가는 3D 프린터의 개발 또는 제작할 콘텐츠를 위한 연구 · 개발을 한다. 3D 프린터용 재료 기술자는 3D 프린터에 사용될 다양한 소재와 기능을 연구한다.

- **필요역량:** 3D 프린터와 컴퓨터 그래픽 등에 대한 관심과 지식, 기계와 디자인에 대한 관심과 지식이 필요

(13) 드론 전문가

드론 조종사는 다양한 형태의 드론을 통해 항공 촬영, 측량, 택배, 군사용 조종 등의 업무를 한다. 촬영 외에 학생이나 일반인을 대상으로 하는 드론 체험교실, 드론 과학교실 등 드론 조종 관련 수업을 진행하기도 한다.

- **필요역량:** 드론에 대한 관심과 흥미, 드론의 기체 및 소프트웨어 관련 전문지식, 항공법/항법기술/무선통신기술에 대한 지식, 상황 판단력 등이 필요

(14) 소프트웨어 전문가

생활 곳곳의 편의를 돕는 실행되는 앱을 응용소프트웨어라고 하며, 스마트폰이 대중화되면서 더욱 다양하고 편리한 응용소프트웨어가 개발되고 있다.

- **필요역량:** 소프트웨어 개발 역량, 창의력, 문제해결력, 인내력, 협업 능력 등이 필요

(15) 신재생에너지 전문가

태양열, 수소전지, 2차전지 등 전문분야에 따라 에너지기술을 연구하고, 시스템 및 에너지 최적화를 위한 제어시스템 등을 개발하는 일을 한다.

- **필요역량:** 전기 · 화학 · 기계 관련 전문기술, 신재생에너지 관심과 열정, 논리력, 협업 능력 등이 필요

note

4. 인간 중심 AI와 새로운 플랫폼

우리는 플랫폼 시대에 살고 있다. 우리가 매일 접하는 구글, 유튜브, 인스타그램 등이 대표적인 플랫폼이다. 인터넷의 발달은 디지털 혁명을 가져왔으며 이 디지털이 수많은 빅데이터를 양산하였고 빅데이터는 온라인 플랫폼 시대를 열었다. 이곳에서 원하는 물건을 구매하고, 원하는 서비스를 찾는다. 이렇게 4차 산업혁명은 사물인터넷을 이용해서 사람과 사람, 사람과 사물, 사물과 사물이 서로 소통하며 고객이 원하는 제품과 서비스를 실시간으로 만들어 내고 있다.

4차 산업혁명은 '일자리' 시대를 새롭게 열어 가고 있다. 우리는 인공지능과 로봇, 사람과 함께 소통하고 협력할 것이다. 그러나 어떠한 기술발전에서도 결국 사람이 중심이라는 가치관을 잊지 말아야 한다. 첨단기술의 위력에 짓눌리는 것이 아닌 첨단기술을 엮어서 우리의 삶에 변화를 주겠다는 각오이다. 우리가 추구하는 삶과 가치관에서 우리 스스로가 미래 일자리를 설계해야 한다. 미래의 직업을 고민할 때 내가 가고자 하는 일자리에서 방법을 결정할 것이다. 그 능력이 플랫폼 시대 혹은 제4차 산업혁명 시대의 핵심역량이기 때문이다.

세계적으로 대표적인 플랫폼 기업인 구글, 애플, 아마존 등은 이미 시장가치가 기존 제조업 기업인 삼성전자, GE, 3M 등 대표 기업의 2배를 넘어섰다. 가치를 창출하는 시장으로 플랫폼에서는 모든 사람이 소비자와 생산자 역할을 할 수 있다는 점이다. 내 집을 제공할 수도 있고, 남의 집을 빌릴 수도 있다.

이렇게 4차 산업혁명의 플랫폼 시대는 개인이 원하는 서비스를 누릴 수 있다. 빠르게 나만의 서비스를 그리고 합리적인 가격으로 이용하는 스마트한 서비스다. 그 서비스는 플랫폼에서 매우 다양하게 제공된다. 급변하는 시장여건에 유연하고 빠르게, 동시에 복합적인 상황을 조정하는 능력이 따른다. 바로 이 점이 도전이면서 동시에 기회다.

이제 우리는 플랫폼 혹은 대학에서 다양한 사람들과 논의하고, 그 안에서 우선순위를 정하고 합의하는 과정이 중요하다. 이를 위해 함께 모여 플랫폼 방식의 소통문화를 체험하는 자리를 마련해야 한다. 4차 산업혁명 시대의 일자리는 공간적 · 시간적인 유연성을 가져온다. 새로운 근로유형은 가족적이며 사생활을 보장한다. 최신의 정보통신기술로 재택근무는 더욱 확대될 것이다. 제4차 산업혁명에서 앞으로 일자리는 서로 연결되고, 더욱 유연해질 것이다. 미래 '일자리'는 새로운 시각으로 설계해야 한다.

미래의 직업은 사람이 어떻게 일할 것인가가 중요하다. 플랫폼 기술과 제4차 산업혁명은 사람들을 근로시간과 공간의 제약으로부터 자유롭게 할 것이다. 사람들이 원하는 때와 장소에서 일할 수 있게 될 것이다. 우리는 지금 4차 산업혁명의 중심에서 있다.

- 우리에게 좋은 일자리는 무엇인가?
- 우리는 미래의 직업에서 무엇이 기회이며 위기인가?
- 우리는 무엇을 희망하는가?

사례연구 2

IBM의 최고 경영자 지니 로메티(Ginni Rometty)는 지금은 대학 졸업장이 필요 없는 시대며, 인공지능과 정보통신기술(ICT)을 융합할 수 있는 창의적인 인재가 필요하다고 했다. 이번 시간은 여러분의 전공과 4차 산업혁명이 융합하여 탄생하게 될 새로운 직업을 창의적으로 상상해 보자.

• 직업 이름

예: 헬스 트레이너

• 미래 기술

예: 가상현실(VR) 접목

• 새로운 직업명

예: 가상현실 헬스 트레이너

• 미래 기술과 융합하면 어떤 새로운 일을 할 수 있나요

예: 실내에서 VR 헤드셋을 끼고 암벽 등반이나 위험한 운동을 할 수 있어요. 지루한 운동을 흥미 있게 만들어서 다이어트 효과를 높여요.

• 직업 이름

• 미래 기술

• 새로운 직업명

• 미래 기술과 융합하면 어떤 새로운 일을 할 수 있나요

내 전공과 4차 산업혁명과 융합한 새로운 직업

참고문헌

강창완(2016). 빅데이터 분석의 이해 및 활용. 대동대학교 교수학습센터.

국가정보화전략위원회(2011). 빅데이터를 활용한 스마트 정부 구현(안).

금진호 외(2017). 자기개발능력(NCS). 경기: 양성원.

금진호(2019). 자기개발능력. 경기: 양성원.

금진호(2019). 4차 산업혁명과 창업. 경기: 양성원.

금진호(2019). 문제해결능력. 경기: 양성원.

금진호(2020), 4차 산업혁명과 창의적 사고. 경기: 양성원.

김명준(2012). 빅데이터미래전략. ETRI.

김상수(2013). 창의적 문제해결과 의사결정. 서울: 도서출판 청람.

김용진(2015). 경영학 사용설명서. 서울: 클라우드나인.

김학용(2016). 사물인터넷: 개념, 구현기술 그리고 비즈니스. 서울: 홍릉과학출판사.

김현곤(2012). 빅데이터시대 전망과 국가미래전략. 대전: 한국정보화진흥원.

노기엽, 장영규(2016). 모의창업. 경기: 학현사.

박주용(2016). 문제해결. 서울: 학지사.

심미자(2016). 교수법특강. 대동대학교 교수학습센터.

안성태(2018). 스타트업 재무특강. 서울: 니케북스.

유정식(2011). 문제해결사. 서울: 지형.

이선성, 조익희(2014). 세금을 알면 부자가 된다. 서울: 세학사.

장수용(2010). 직무분석 이렇게 한다. 서울: SBC 전략기업컨설팅.

장영광(2014). 생활속의 경영학. 경기: 신영사.

장영재(2010). 경영학 콘서트. 서울: 비즈니스북스.

장정빈(2016). 히든 서비스. 서울: 올림.

정용찬(2012a). 빅데이터 혁명과 미디어 정색 이슈. 정보통신정책연구원.

조태현(2008). 고객 유혹의 기술. 서울: 비전코리아.

직업교육훈련과정 개발을 위한 직무분석 지침서(2003). 한국직업능력개발원 연구자료 03-1.

최정임(2009). 요구분석 실천 가이드. 서울: 학지사.

하버드경영대학원(2010). 경영전략.

한국어위키백과(2018). 위키피디아.

함주한(2008). **마케팅 무작정 따라하기**. 서울: 길벗.

佐藤航陽(2016). **내가 미래를 앞서가는 이유: 스타트업 1위 천재사업가의 미래 통찰**. [未来に先回りする思考法: テクノロジーがすべてを塗りかえる] (양필성 역). 서울: 스몰빅인사이트(원저출간: 2015).

Baker, S. (2015). **빅데이터로 세상을 지배하는 사람들**. [Numerati] (이창희 역). 서울: 세종서적(원저출간: 2008).

Bryant, A. (2012). **사장실로 가는 길**. [Corner office] (윤영삼 역). 서울: 가디언(원저출간: 2011).

Edmondson, A. C. (2015). **티밍**. [Teaming] (오지연, 임제니퍼 역). 서울: 도서출판 정혜(원저출간: 2012).

Kaplan, J. (2016). **인간은 필요 없다**. [Humans need not apply] (신동숙 역). 서울: 한스미디어(원저출간: 2015).

KBS 명견만리 제작팀(2016). 명견만리. 우리가 준비해야 할 미래의 기회를 말하다.

Mckinsey Global Institute(2011). Big Data: the next frontier for innovation, competition, and productivity. Mckinsey & Company.

Schwab, K. (2017). **제4차 산업혁명**. [Fourth industrial revolution] (송경진 역). 서울: 새로운현재(원저출간: 2016).

Sisodia, R., Wolfe, D. B., & Sheth, J. N. (2012). **위대한 기업을 넘어 사랑받는 기업으로**. [Firms of endearment] (권영설, 최리아 역). 경기: 럭스미디어(원저출간: 2003).

Isenberg, D., & Dillon, K. (2014). **하버드 창업가 바이블**. [Worthless, impossible, and stupid] (유정식 역). 경기: 다산북스(원저출간: 2013).

Rifkin, J. (2012). **3차 산업혁명**. [Third industrial revolution] (안진환 역). 서울: 민음사(원저출간: 2011).

Thiel, P., & Masters, B. (2014). **제로 투 원: 스탠퍼드대학교 스타트업 최고 명강의**. [Zero to one] (이지연 역). 서울: 한국경제신문(원저출간: 2014).

[네이버 블로그] '이긍정'

[네이버 지식백과] 사물인터넷 [Internet of Things(IoT)](두산백과).

[네이버 지식백과] 사물인터넷은 만능인가? (사물인터넷의 미래, 2014. 11. 28., 한국전자통신연구원(ETRI), 전자신문사).

[네이버 지식백과] "엘론 머스크" 검색.

이코노미 조선 - "사카이 이삿짐 센터" 검색.

gary medium

http://blog.naver.com/jang00800/220584052153

http://blog.naver.com/ntower?Redirect=Log&logNo=220729147919

http://blog.naver.com/sosoifree/220635578779

http://elonmusk.com

http://navercast.naver.com/contents.nhn?rid=122&contents_id=19022

http://news.kbs.co.kr/news/view.do?ncd=3262426&ref=A

http://people.incruit.com/news/newsview.asp?newsno=2649260

http://ppss.kr/archives/62249

http://qna.ac/ab-942-23&article_num=23&SI_F_serial_num=asc&PB_1420702587=2

http://sulia.tistory.com/514

http://terms.naver.com/entry.nhn?docId=2851213&cid=56756&categoryId=56756

http://webkim.blog.me/220523501747

http://www.samsungfundblog.com/archives/32418

http://www.segye.com/content/html/2015/05/29/20150529003538.html?OutUrl=naver

http://www.viva100.com/main/view.php?key=20160406020016141

http://www.wikitree.co.kr/main/news_view.php?id=220918

www.dt.co.kr

찾아보기

ㅈ

ㅊ

ㅋ

ㅌ

ㅍ

ㅎ

기타

저 / 자 / 소 / 개

▪ 금진호

한남대학교 대학원 교육학석사
현) 목원대학교 창의교양학부 겸임교수
대전과학기술대학교 겸임교수
대전광역시 4차 산업혁명 위원
대전광역시, 세종특별시 인재개발원 교수
KBS, TJB, 쿠키뉴스, 충남일보 경제 칼럼니스트
저서) 4차 산업혁명과 창의적 사고, 4차 산업혁명과 창업, 문제해결능력 외

▪ 오재균

중앙대학교 대학원 기계공학박사
서강대학교 경영전문대학원 석사, MBA
전) IEE, Magna, ABC Group 등 외국계 자동차 부품회사 한국지사장
현대자동차/대우자동차 연구소
여주대학교, 우즈베키스탄 타슈켄트 국립교통대학교 자동차공학과 교수
현) 중앙대학교 산학협력단 연구교수
저서) 4차 산업혁명과 창의적 사고, 4차 산업 그리고 창업, 열전달 외

▪ 정영필

울산대학교 대학원 컴퓨터공학박사
전) 부산권 창업공유대학 운영위원
부산과학기술대학교 종합정보원장, 산학협력부단장
현) 부산과학기술대학교 간호학과 교수
저서) AI기반 컴퓨터 활용, 보건의료 데이터 베이스 실무 외

인간 중심 AI와 창의적 사고

1판 1쇄 인쇄 — 2025년 3월 10일
1판 1쇄 발행 — 2025년 3월 14일

저　　자 - 금진호 오재균 정영필
발 행 인 - 강철원
발 행 처 - 양성원
주　　소 - 경기도 파주시 검산로 173번길 29-12
전　　화 - 031-946-3861(代)
팩　　스 - 031-946-3864
이 메 일 - tnwpub@naver.com
홈페이지 - tnwpub.co.kr
출판등록 - 2015년 8월 31일 제 2015-000211 호

ISBN 979-11-6126-612-1

정가 20,000원